Health Care Management as the Best Strategy

［改訂］

最強戦略としての健康経営

競争優位とサステナビリティを生む
人的資本のためのビジネスモデル

新井卓二［著］

同友館

目 次

第1章

健康経営の現状

第１節　健康経営とは

■健康経営の定義

健康経営とは、どのような定義があるのでしょうか。代表的な定義を２点紹介します。

一つは、健康経営を日本に持ち込んだといわれている岡田邦夫氏が理事長を務める特定非営利活動法人健康経営研究会[1]の「企業が従業員の健康に配慮することによって、経営面においても大きな効果が期待出来るとの基盤に立って、健康を経営的視点から考え、戦略的に実践すること」です。

もう一つが、経済産業省が定義している「従業員等の健康管理を経営的視点で考え、戦略的に実践すること」です。現在、使われている定義の多くは、普及促進の旗を振っている経済産業省の定義となります。よって、本書では、経済産業省の定義を用いて説明していきます。

経済産業省が定義する健康経営の取り組みとは、健康経営度調査の調査票に載っている項目を指します。2023年度版をみると、項目は、大項目で５つ「1. 経営理念・方針、2. 組織体制、3. 制度・施策実行、4. 評価・改善、5. 法令遵守・リスクマネジメント」となります。

さらに詳細にみていくと、1. 経営理念・方針では、「健康経営の戦略、社内外への情報開示」、「自社従業員を超えた健康増進に関する取組」が小項目で挙げられています。ここでは、健康経営の取り組みを株主等に発信するだけでなく、また健康経

1　http://kenkokeiei.jp/

営の対象の範囲を自社に留めることなく、従業員の家族は当然としてグループ会社や関連会社、取引先、さらにその先の地域に対しても取り組みを求めています。他に、従業員パフォーマンス指標３つ（後述）の開示も求められています。

2. 組織体制では、「経営層の体制」、「実施体制」、「健保組合等保険者との連携」が挙げられています。「経営層の体制」では、健康経営を全社一丸となって取り組む戦略になりますので責任者として役員以上が求められます。「実施体制」では、産業保健スタッフの参加を求め、「健保組合等保険者との連携」では、厚生労働省が主導しているデータヘルス計画[2]との連携でのコラボヘルス[3]が求められています。こちらは、健康経営の“健康”に該当し、治療や健診情報の活用が求められています。

3. 制度・施策実行では、中項目で３つ「従業員の健康課題の把握と必要な対策の検討」、「健康経営の実践に向けた土台づくり」、「従業員の心と身体の健康づくりに関する具体的対策」が掲げられ、さらに小項目で10つ「健康課題に基づいた具体的な目標の設定」、「健診・検診等の活用・推進」、「ヘルスリテラシーの向上」、「ワークライフバランスの推進」、「職場の活性化」、「仕事と治療の両立支援」「保健指導」、「具体的な健康保持・増進施策」、「感染症予防対策」、「喫煙対策」と幅広く掲げられています。ここでは、特徴的な項目を３点紹介します。

一つ目に「健診・検診等の活用・推進」内に、②従業員の健康診断の実施（受診率100％）が挙げられます。こちらは労働

2　https://www.mhlw.go.jp/stf/seisakunitsuite/bunya/0000061273.html

3　https://www.mhlw.go.jp/file/04-Houdouhappyou-12401000-Hokenkyoku-Soumuka/0000171483.pdf

安全衛生法第44条に実施が義務づけられていますが、多くの企業においては、一部の従業員の反発等により受診率100%は達成できていませんでした。しかし健康経営では、特段の理由がない限り100%が求められています。これが後述第2章での日本の特徴に反映されることになります。

二つ目に「ヘルスリテラシーの向上」内の⑤管理職・従業員への教育が挙げられます。そもそもヘルスリテラシーとは、米国国立衛生研究所の定義では、「健康面での適切な意思決定に必要な基本的情報やサービスを調べ、取得し、理解して効果的に利用する個人的能力」とされています。そして、日本人は先進国の中でヘルスリテラシーが低い[4]ことで有名です。低い理由は『ヘルスリテラシー』[5]の本に譲りますが、ヘルスリテラシーは国民医療費に直結します。つまり、医療費等が国家予算を圧迫している日本では、重要なキーワードになります。しかし、ヘルスリテラシーについては、後述第4章のとおり、教育機会が限られているのが現状でした。そこで、健康経営で補っていこうという考え方になるのです。またヘルスリテラシーは、本書で初めて具体的に提案する第2章の「ウェルネス（健康）キャリア」という人材開発の概念にもなります。

三つ目は、「職場の活性化」内の⑦コミュニケーションの促進に向けた取り組みです。健康経営の効果で、一番先に事象として現れてくる（後掲図8）はずです。また健康増進活動が、

---

4 Nakayama, K., Osaka, W., Togari, T. et al. Comprehensive health literacy in Japan is lower than in Europe: a validated Japanese-language assessment of health literacy. BMC Public Health 15, 505 (2015). https://doi.org/10.1186/s12889-015-1835-x

5 福田 洋（編集），江口 泰正（編集），中山 和弘（著）：『ヘルスリテラシー 健康教育の新しいキーワード』、大修館書店（2016）

コミュニケーションの促進と従業員のウェルビーイングを高める[6]こともわかっています。

上記以外にもさまざまな取り組みがあり、そのうちの一つに⑬長時間労働者への対応に関する取り組みが挙げられています。たまに“健康経営≒残業削減”とおっしゃる経営者がいらっしゃいますが、それは誤解です。少なくとも小項目は17あり、質問項目自体は71もあるうちの一つにしか過ぎないのです。健康経営優良法人の認定に至っては残業削減が行われていなくても他の項目がクリアしていれば認定はされますので、MUSTの施策ではないということです。

一般的に、残業削減等は働き方改革との文脈で語られることが多いですので、後述第3節において、健康経営と働き方改革の関係について紹介しますので、そちらをご覧ください。

また、最近では、多い質問項目に対応するサービスとして、アイテック阪急阪神株式会社[7]の「HealthCare iris」のように、健康経営優良法人認定要件の23項目のうち18項目が対応可能などと謳うサービスも出てきており、健康経営優良法人の取得支援やコンサル市場が創出されつつあります。

■ Well-beingと健康経営の関係

最近Well-beingというワードが、ビジネスや企業において注目されています。ここでは健康経営とWell-beingの関係について解説します。

ここ20年で、幸福な従業員ほど生産性が高く、イノベーショ

6　森永 雄太：チームによる健康増進活動は従業員のウェルビーイングを高めるか、一橋ビジネスレビュー、pp84-97, 66(1)

7　https://www.iris-healthcare.jp/introduction/

ンで、共感的であり、寿命が長い等を示唆する研究が増加しています[8]。これらによりWell-beingが、大変注目を集めてきました。

Well-beingは、大きく2種類に分類されます。一つが、何十年もの間経済学者が測定している国家レベルのウェルビーイング（世界幸福度報告書／World Happiness Report[9]、国民総幸福量[10]等）と、もう一つが心理学者が測定する個人レベルのウェルビーイングです。個人のWell-beingとは、世界保健機関（WHO）憲章の前文Health is a state of complete physical,

図1　Well-beingの概念図

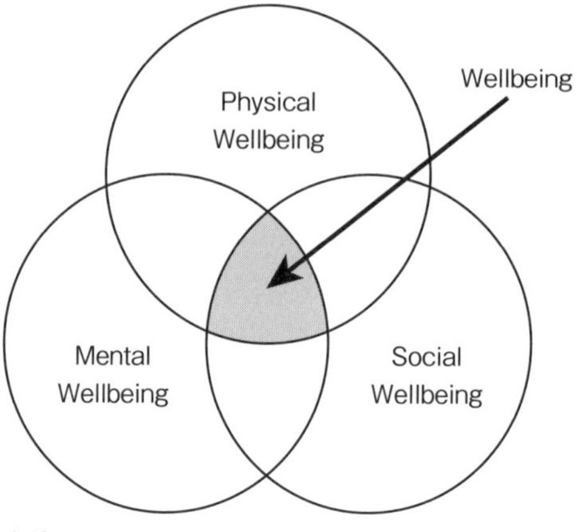

出所：World Happiness Report

8　ダニエル・ゴールマン（著）、梅津 祐良（翻訳）：『ビジネスEQ 感情コンピテンスを仕事に生かす』、東洋経済新報社（2000）

9　The World Happiness report、Home、https://worldhappiness.report

10　外務省、https://www.mofa.go.jp/mofaj/press/pr/wakaru/topics/vol79/index.html

mental and social well-being and not merely the absence of disease or infirmity. の Health[11] の概念にもでてきます。イメージとすると図１のようになります。

健康とは身体的、精神的、社会的に満たされた状態と考えられ、その状態が Well-being と解釈されています。では、Well-being はどのように測定できるのでしょうか？　いくつかの測定手法があり、Well-being の指標として普及している尺度に、「抑うつ自己評価（CES-D）尺度」[12] と「機能の全体的評定（GAF）尺度」[13] があります。これらは、うつの症状や不安症状を測る尺度となり、減少がみられれば、ウェルビーイングが向上したと見なす仕組みです。

ほかに国民総幸福量指数の開発に利用されている「主観的ウェルビーイング（SWB）」[14] があり、これはライフイベント、人生の満足度、充実度を始めとする、個人の人生に対する民主的評価と感性的評価からなります。

また結果として、健康寿命が延びた、平均寿命が延びた等の論文[15] はありますが、健康、特に身体に関する質問項目がない、

11　WHO、REGISTER! - 10th Global Conference on Health Promotion: Health Promotion for Well-being, Equity and Sustainable Development、https://www.who.int/news-room/events/detail/2021/12/13/default-calendar/save-the-date---10th-global-conference-on-health-promotion-health-promotion-for-well-being-equity-and-sustainable-development

12　島 悟、鹿野 達男、北村 俊則、浅井 昌弘：新しい抑うつ性自己評価尺度について、精神医学・27(6)、https://www.institute-of-mental-health.jp/preview/thesis/pdf/thesis-09/thesis-09-15.pdf

13　厚生労働省、GAF 尺度、https://www.mhlw.go.jp/shingi/2003/11/dl/s1111-2a.pdf

14　石井 留美：主観的幸福感研究の動向、コミュニティ心理学研究 1(1): 94-107 (1997)

または少ないのも特徴です。Well-being は、身体的、精神的、社会的に満たされた状態なのに、これをどう解釈したらよいのでしょうか？

それは Well-being には、2種類の（経営的）手法があると考えられるからです。1つは、幸福学や働きがいからの Well-being、もう1つが健康経営からの Well-being です。どちらも、Well-being 状態への達成はできそうです。違いは、健康を、幸福学や働きがいからの Well-being では、“結果”に置いている点、健康経営からの Well-being では、健康を“手段&手法”として置いている点です。つまりアプローチの方法が違うのです。

①幸福・働きがい→ウェルビーイング　　　　健康は結果

②健康経営→ウェルビーイング　　　　　　健康が手段

本書では健康経営を実践することを主題としていますので、後者②の健康経営を手段とする定義を使用します。

もう1つの特徴が、健康経営の場合は、従業員（個人）の健康度（未病）に応じて介入する方法が変わり、特に有病または高ストレス者[16]等に対し、積極的に介入が行われる点です。つまり健康に対し可能な限り取り残さないのが健康経営となります。

どちらが良いかは、企業における戦略やパーパスやミッショ

15 https://ci.nii.ac.jp/search?q=Well-being&range=0&count=20&sortorder=1&type=0

16 https://www.mhlw.go.jp/bunya/roudoukijun/anzeneisei12/pdf/150803-1.pdf

ン、ビジョンにより選好されると思いますが、持続可能性等を考慮すると、また日本的経営として従業員を家族と見なす文化を育んできた企業が多い日本では、健康経営の取り組みの結果Well-beingを目指すほうが、adjustするように感じています。

■健康経営の効果は多様な経営指標

そして今なぜ健康経営なのかと問われれば、この本を書いている理由にもなると思いますので、簡単に歴史を紐解いていきましょう。

健康経営は、2014年度から経済産業省主催の顕彰制度が始まってから10年が経過しようとしています。初期の健康経営は、健康経営度調査からもわかるように、産業衛生や安全衛生の延長で取り組める内容になっていました。

これは経済産業省が、厚生労働省や医師会に配慮し、最初から健康経営という施策を、受け入れられやすいように、周到に進めた戦略のように見受けられました。なぜなら、その後、健康経営度調査は、毎年改訂が行われ、今ではワークエンゲージメント[17]の測定や、離職率、女性の健康、企業グループの健康経営支援等が採用され、従来の産業衛生や安全衛生の枠を大幅に飛び越えているように感じるからです。当然、産業衛生や安全衛生の多くは、法律で規定されている場合が多く、これだけを取り組んでいても、競争優位を生むことはできません。

しかし、健康経営度調査の項目の変化は、健康経営を独自の施策とし、企業の競争優位を有する可能性まで発展させてきたように見受けられます。

17　https://www.mhlw.go.jp/wp/hakusyo/roudou/19/dl/19-1-2-3.pdf

次に、時が流れたことにより、中期的な効果も見えてきたというのも理由です。前著『経営戦略としての健康経営』(2019)を書いていた当時は、まだ健康経営の顕彰制度が始まって4年目で、取り組み&応募企業もそれほど多くはなく、横並びでの比較が難しい状態でした。

しかしここ数年で、健康経営の知名度が上がり、取り組み企業も数倍になりました。そこでわかってきた効果として、総合健康リスク度[18]や高ストレス者数、心理的安全性[19]や幸福度等があります。これらの効果により本書タイトルのとおり「経営戦略として最強なのでは？」と考えた次第です。今後、もっと取り組み企業が増え、年限を重ねればさらなる効果もみえてくるのではないかと期待しています。

健康経営は、健康にのみ介入し、健康に関わる指数、例えばBMI等の個人に紐づいたデータから組織の健診受診率等を測定するように思われるかもしれません。しかし、現時点でわかっている効果では、むしろ健康に関わる以外のデータのほうが多くなっています。

期待される効果について、詳細は、後掲表5（第2章）にて説明しますが、産業保健のデータでいえば、アブセンティーイズム（absenteeism；休業等の経済的損失）やプレゼンティーイズム（presenteeism；出勤しているが100%のパフォーマンスを出せない経済的損失)、ストレスチェック制度[20]の結果で

18 https://www.mhlw.go.jp/file/05-Shingikai-11201000-Roudoukijunkyoku-Soumuka/0000050920.pdf
19 エイミー・C.エドモンドソン（著），野津 智子（訳），村瀬 俊朗（解説）:『恐れのない組織「心理的安全性」が学習・イノベーション・成長をもたらす』、英治出版（2021）

ある高ストレス者数や総合健康リスク、欠勤率、ヘルスリテラシー等があります。

マネジメントに関わるデータでいえば、株価やブランドロイヤリティー、リクルートにおける内定辞退率の改善、求職応募者の増加、離職率、モチベーション、ワークエンゲージメント、幸福度、コミュニケーション増加等があり、項目だけでみると産業保健項目より約２倍の項目に影響を与えていると考えられます。これらは、９年経過しわかってきた経営指標なのです。

そしてこれらの多様な効果を享受するためには、測定が重要になります。測定のポイントは、現状の把握から始め、その後PDCAサイクル[21]を回していくことになります。よく聞く事例として、「TOPから言われて」等で、経営指標を集めそこねたり測定をせずとりあえず、始めてしまうことです。これは大変残念なことです。これでは取り組み効果（リターン）が、初期値の不足で、数値化できないからです。

もう一つが、社内の浸透度の目標設定に必要となる社員の把握の不足です。アンケート等で「個人の健康課題」について把握すること、また健康経営の取り組みの従業員の参加目標となる「会社が個人の健康に介入」することについてどれだけの社員（比率）が賛成しているか、知ることが重要です。健康経営を実践する前に、これら２点、現状の数値と社員の参加可能性等について把握していきましょう。簡単な取り組みサイクルは図２のようになります。

20　https://www.mhlw.go.jp/bunya/roudoukijun/anzeneisei12/pdf/150709-1.pdf

21　https://ja.wikipedia.org/wiki/PDCA%E3%82%B5%E3%82%A4%E3%82%AF%E3%83%AB

図２　健康経営の取り組みサイクル

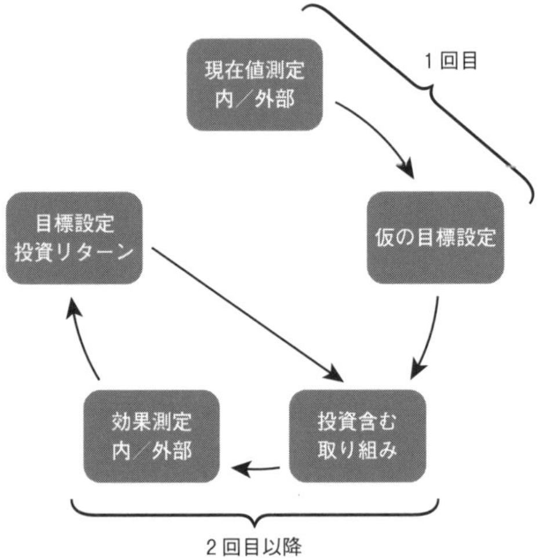

※筆者作成

しっかりと事前準備を整えてから取り組み始めましょう。

第２節　戦略としての必要性

■なぜ競争優位とサステナビリティを持つのか？

本節では、企業が競争優位を持つために、また企業の持続可能性を得るために健康経営を紹介していきますが、健康経営に取り組んでいる企業が増えれば、競争優位は持てない、または保てないのではという疑問が生まれるかもしれません。しかしそれは間違っています。

なぜなら、健康経営を経営戦略として位置づけて取り組めば、他社と同じ取り組みになることはないからです。競争戦略の始祖と呼ばれているマイケル・ポーターは、「競合他社との違いをつくるのが戦略であり、他社との“different”な活動を選択することによって生まれる」と定義しています。そして読者の皆様もご存知のとおり、企業は似たような商品やサービスを取り扱っていても、全く同じ戦略やビジネスモデルを立てて実践しているわけではありません。

これは「経営戦略」が違うからです。健康経営も経済産業省が定めている健康経営度調査に則った項目しか取り組んでいなければ、他社と同じ事しかやっていない、つまり“different”な活動をしていないので、当然ながら競争優位を生むことはできません。

健康経営には、後述第３章のSTEP3という概念があり、まずSTEP1として、健康経営度調査の項目への取り組みますが、これには一部コストとしての取り組みになります。

しかし、将来的に目指すべきは、STEP3の自社独自の経営資源を用いた健康経営（による無形資産の強化）、つまり経営戦略として競争優位＆サステナビリティを持つ健康経営になるのです。よって上記のような疑問が浮かんでいる方は、まだ取り組みのスタート地点STEP1に立っているだけなのです。

そしてまだ取り組みを始めていない企業においては、潜在的に競争優位を失っている（採用場面において優秀な人材を獲得できない等）可能性が高いとお考えください。大切な点は、健康経営は手段であるということです。目的とすると、「手段の目的化」になってしまい、同時性の罠[22]に陥ります。

22　楠木 建、杉浦 秦：『逆・タイムマシン経営論　近過去の歴史に学ぶ経営知』、日経BP（2020）

ぜひ、本書を用いて、取り組みを経営戦略として位置づけ、自社の経営資源やビジョンに適合させ、イノベーション等も起こし最強戦略として活用いただけたらと思います。

次にサステナビリティ（sustainability）とは「持続可能性」になります、ビジネスにおいては、利益を上げ事業が継続して行われていく可能性を、現在において持っていることを指します。環境の変化が激しい時代こそ、また後世に地球環境を守り残していくためにも企業が持っておかなければならない視点だといわれています。そしてその代表的な取り組みが、SDGs[23]です。

SDGsと健康経営の関係等は、後述の第4章で紹介しますが、ここでは、健康経営をサステナビリティ経営の一部と位置づけた株式会社富士通ゼネラル[24]の例を紹介します。同社は2020年度から、健康経営を、製造業では必須である国際規格対応のための環境経営と同様に位置づけ、サステナビリティ推進本部の一つの部門として取り組んでいます。つまり、持続可能性を持つために、健康経営が重要な戦略だと捉えたのです。このように、今後健康経営はサステナビリティ戦略の重要な要素になっていき取り入れてられていくと思われます。

そして、健康経営は企業経営において土台となる戦略でもあると考えられます。私は毎年企業に訪問プロジェクト等として健康経営について取材をしていますが、次の2つの事例がそのように考えた理由です。

一つ目は経営者の交代が起きたA社の事例です。A社では、

23　https://www.mofa.go.jp/mofaj/gaiko/oda/sdgs/about/index.html
24　https://www.fujitsu-general.com/jp/csr/index.html

前社長とは別の派閥から新社長が誕生しました。その際新社長は、過去からの決別のため前社長の取り組みの多くを否定しましたが、健康経営だけはそのまま推進することを認めたそうです。理由を聞くと、「健康経営で、元気ないきいきとした社員が増えたように感じたから、この施策はこのまま継続していく」と教えてもらいました。

二つ目は「B to C（Business to Consumer）」から「B to B（Business to Business）」へビジネスモデルを変えたB社の事例です。通常ビジネスモデルを変えれば、必要となってくる人材やスキルは全く別のものになります。しかし、ビジネスモデルを変えても健康経営だけは、さらに推進していくことにしたのです。

理由は、「元気でいきいきとした社員は、ビジネスモデルを変えようが、事業運営において重要で必要な経営資産だから」だそうです。ビジネスモデルや戦略を変えるにも、元気でいきいきとした社員は必要であるということです。

さらに無形資産は、範囲の経済[25]が効くといわれています。また丸井グループでは、健康経営（ウェルネス経営と呼んでいる）は「持続的に成長していくための大きな礎になる」[26]と紹介しています。

こう考えると、今流行りのDX（デジタルトランスフォーメーション）[27]やパーパス経営[28]（新CSV経営）、逆タイムマ

25　上原 征彦：『マーケティング戦略論―実践パラダイムの再構築』、有斐閣（1999）

26　https://www.0101maruigroup.co.jp/sustainability/theme02/health.html

27　マイケル・ウェイド（著），ジェイムズ・マコーレー（著），アンディ・ノロニャ（著），ジョエル・バービア（著），根来 龍之（監訳），武藤 陽生（翻訳），デジタルビジネス・イノベーションセンター（翻訳）：『DX実行戦略 デジタルで稼ぐ組織をつくる』、日本経済新聞出版社（2019）

シン経営[22]など、経営戦略を用いて企業を根本から変えるこれらの戦略でも、元気でいきいきとした社員や活力ある組織はあったほうが好ましく、また健康経営は他の経営戦略とは競合しない戦略とも考えられます。つまり企業の土台となる戦略と考えられるのです。イメージは図3のようになります。

図3　健康経営と企業戦略の位置づけ

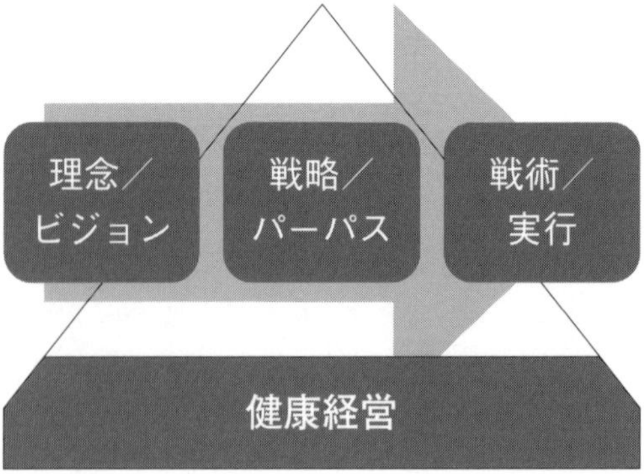

※筆者作成

また第4章で紹介する、サステナビリティで代表的なSDGsやESG[29]、三方よしや人的資本経営[30]、環境経営[31]でも触れますが、健康経営は競合することなく、強めるまた補完する戦略になるのです。つまり相反する“or”ではなく、重なる“and”

28　名和 高司：『パーパス経営　30年先の視点から現在を捉える』、東洋経済新報社（2021）

29　水口 剛：『ESG投資　新しい資本主義のかたち』、日本経済新聞出版社（2017）

30　https://www.meti.go.jp/policy/economy/jinteki_shihon/index.html

31　http://www.env.go.jp/policy/keiei_portal/about/

の戦略となります。

オンバランスがされていない無形資産を、株式市場の投資家がどれだけ評価しているかは株価純資産倍率（PBR）に反映されるといわれています。そして、それらはインプットとアウトプットのKPIに設定し、その蓄積状況や投資対効果を観測できる仕組みを構築していく必要があります。

健康経営では、すでにこれらの測定が可能になっています。ぜひ、自社の（健康）経営資源を探し、活用し、測定し、開示し、競争優位を得ていきましょう。

■無形資産としての最強戦略

最近では、無形資産こそが企業の競争優位や企業価値が高く、株式市場の高い評価を得られるといわれています。しかし、企業を評価する代表的な指標に、株式時価総額があり、従来の国際財務報告基準（IFRS）等の会計基準では、無形資産の評価は一部のれん等を除けばほとんど示されていませんでした。

また「企業価値の決定因子は有形資産から無形資産へとシフトする中で、従来の会計の枠組みではその価値創造の進捗を十分に測定できなくなっている可能性がある」[32]とも指摘されています。

その後、2021年10月に米国証券取引委員会（SEC）では、人的資本の情報開示を有価証券報告書等で求めた[33]のです。これには理由があり、著名なプログラマーが、Ａ社からＢ社

32　ジョナサン・ハスケル（著），スティアン・ウェストレイク（著），山形浩生（翻訳）：『無形資産が経済を支配する　資本のない資本主義の正体』、東洋経済新報社（2020）

33　https://www.sec.gov/news/press-release/2020-192

に転職すると、A社の株価が下がり、B社の株価が上昇するという例が、後を絶たなかったからです。

つまり、“人”という無形資産が、企業価値を表す指標の一つである株価にまで多大なる影響を与えると認定されたということです。逆に捉えると、海外や国際的な株式指標では、“人”は競争優位を生む経営資源として捉えられていなかったということです。

ひるがえって日本では、企業の経営資源として、ヒト、モノ、カネ、最近は情報を含め、大切な資源と捉えています[34]。また日本の多くの企業は、人は“人財”であり大切だと謳ってきました。つまり“人”という経営資源に対する捉え方は、日本では古来から大切な経営資源と認識されており、やっと株式市場が日本（式）に寄ってきたと考えられるのです。

では無形資産とは何かというと、三冨正博によると、「1.物的資産、2.金融資産、3.組織資産、4.人的資産、5.顧客資産」[35]と定義しています。そして無形資産の特徴は、模倣が簡単なようで難しく、経済的便益の不確実性や市場が存在しないともいわれています。

また無形資産では、製品やサービスの利用者が増えるほどその製品やサービスのインフラとしての価値が高まるネットワーク効果が有名で、アメリカでは多いのですが、日本では少ないといわれています。

さらに名和高司によると、「人的資産として、人・モノ・金

34　伊丹 敬之，加護野 忠男：『ゼミナール経営学入門（第3版）』、日本経済新聞出版社（2003）

35　三冨正博：『「見えない資産」経営―企業価値と利益の源泉』、東方通信社（2017）

のうち“人”が最も希少価値が高い資産である」[28]と指摘しています。そして「人材の獲得育成活動の場の提供等、人材マネジメントの能力が企業価値と直結するといっても過言ではない」と述べています。つまり、人的資本とその活用こそが、最強戦略であると述べているのです。

健康経営は、三冨が定義する無形資産の4.人的資産だけでなく、新しいマネジメントシステムでもあります。さらに健康経営をCorprate culture of health等の企業文化まで昇華できれば、3.組織資産へも強い影響力を持つことができます。つまり健康経営が“人”に介入する以上、模倣が困難な企業の競争優位性や株式市場への高い評価を得る可能性があると考えることができるのです。

経済産業省では、2017年に非財務情報と無形資産投資の見える化として「価値協創ガイダンス」[36]を、株式市場への評価を得るため日本独自に設定し、情報開示を促しています。健康経営で競争優位を生む企業が多数現れれば、近い将来健康経営も開示の項目になるのではないかと密かに期待しています。

次に、無形資産である“人”を、強化&増やすためにはどうすべきかとの視点で考えます。日本の多くの企業は、前述のとおり、人が大切だと言っている割には、法定の健康診断やキャリア開発等の研修以外に、人に対してお金を伴う投資は積極的に行われていないように見受けられます。

私もサラリーマン時代に人材育成室に在籍した経験があるのですが、当時の経営陣は、厳しい仕事環境に“人”を置いてお

36　https://www.meti.go.jp/policy/economy/keiei_innovation/kigyoukaikei/ESGguidance.html

けば、勝手に育つと考えていました。「獅子は我が子を千尋の谷に落とす」戦法です。残念ながら、これでは時代の流れが一段と早い今日において、また若手世代の教育環境とはかけ離れているため、競争に勝つのは難しいでしょう。

ではどこに投資すべきかと考えたとき、まず日本の置かれている環境と未来からもみてみましょう。日本では、労働人口の減少や総人口の減少[37]が見込まれていますので、一人ひとりの社員の価値が高まっていきます。そして政府は生涯現役社会[38]を掲げ定年の延長も進めています。また、すでに地方の会社を中心に、事業承継[39]問題以外に、採用が困難なため、持続可能性を求め社員が健康で定年までまたいつまでも元気に働いてもらうことが、経営課題に挙げられ始めています。

では、企業はそのような環境の中で、社員研修でスキルを上げるだけで十分なのでしょうか。

答えはNOです！　そこで企業は、キャリアや技能開発だけでなく、社員が健康で長く働いてもらうための“健康投資”も行わなければならない、という考え方がでてきました。そしてその投資や取り組みは、具体的に目に見える形でわかるように、社内外に伝えていかなければなりません。そこで、「ウェルネス（健康）キャリア」という新しい考え方となります。

詳細は、第2章に譲りますが、70代、80代、もしかしたら生涯現役で働く際、新入社員や20代、30代、40代等の社員に何を伝えて、人材開発や教育を行っていくのがよいのでしょうか？

37　https://www.mhlw.go.jp/wp/hakusyo/roudou/16/dl/16-1-3_01.pdf
38　https://www.mhlw.go.jp/stf/shingi/other-syokuan_245379.html
39　https://www.chusho.meti.go.jp/zaimu/shoukei/2016/161205shoukei1.pdf

もちろん、従来のスキル技術やマネジメント能力、マインドセット等は必須ですが、その一つとして健康教育として「ウェルネス（健康）キャリア」の概念&研修も考えられるのではないでしょうか。そしてこれにはもう一つ大きな効果があり、ヘルスリテラシー等が高い社員が登場すると、後述第4章のとおり生涯現役でも定年後でも日本社会全体の医療費の削減に貢献できることもわかってきました。

企業にばかり負担を押しつけないでほしいと言わずに、ぜひ日本社会全体に役立っているとの気概を持って「ウェルネス（健康）キャリア」という人材開発や人材投資に取り組んでみましょう。

■健康経営における無形資産とその考え方

そこで、前項で紹介した自社独自の経営資源を活用した健康経営を実践するため、経営資源（ヒト、モノ、カネ、情報）を、健康経営の視点でみると表1のように考えられます。

特徴としては、企業内で完結するものと、企業外（顧客等）向け資産もあるということです。健康経営は、人に投資をしますので、人への効果に焦点が当たりますが、健康経営をビジネスに活用する、つまり戦略として活用しようとする視点を持つと、人以外の資産も該当すると考えられます。

ほかに、“ヒト”としては健康経営推進担当者も該当しており、“モノ”では自社で保有または取り扱っている健康食品やヘルスケアサービスも含まれます。“カネ”には福利厚生費が該当し、福利厚生を主に健康経営に取り組んで健康経営銘柄に認定されていた株式会社ベネフィット・ワン[40]の事例もあります。

もう一つ大事な点として、表1の情報等無形資産の内の、個

表1　健康経営資源

経営資源	一般的な該当項目（**太字**は企業外向け資産）
ヒト	産業医、保健師、管理栄養士、健康経営推進担当者等
モノ	保健指導システム、診療施設や保健室等、健康保険組合、フィットネスルーム、**自社で提供しているヘルスケアビジネス（健康食品やサービス）**
カネ	人件費、イベント開催費、システム開発費・運営費、福利厚生費
情報等無形資産	（主に個人／人的資産）健診データ、メンタルデータ、ヘルスリテラシー、自己管理能力、自律度、信頼度、ロイヤリティー、幸福度、ワークエンゲージメント
	（それ以外組織資産等）総合健康リスク度、コラボヘルス＆データヘルス、フィードバックシート、人事等制度、心理的安全性、**ヘルスケアビジネスのノウハウ**、企業文化や culture、**企業ブランド**

※筆者作成

人／人的資産と組織資産に分類出来ます。前項では、無形資産の人に焦点を当てた「ウェルネス（健康）キャリア」という概念を提唱し重要性を理解していただきました。本項では、無形資産である健康経営資源が、競争優位＆サステナビリティを生むために、どのような戦略に位置づけられるかという点で表2を紹介します。

“情報等無形資産”としては、個人として、健康面の健診データやメンタルデータだけでなく、教育面のヘルスリテラシー、自己管理能力が挙げられます。また経営面等では、人材開発の自律度やモチベーションのひとつである信頼度やロイヤリティー、そして Well-being 指数の一つであるワークエンゲージメントや幸福度があります。

40　https://corp.benefit-one.co.jp/sustainability/kenkokeiei/

表２　情報等無形資産における健康経営資源の分類

	個人／人的資産	組織資産等
健康面	健診データ メンタルデータ ヘルスリテラシー 自己管理能力	総合健康リスク度 コラボヘルス データヘルス フィードバックシート
経営面等	自律度 信頼度 ロイヤリティー 幸福度 ワークエンゲージメント	人事制度 心理的安全性 ヘルスケアビジネスのノウハウ 企業文化や culture 企業ブランド

※筆者作成

組織資産等として、健康面でのストレスチェック制度の結果である総合健康リスク度や、健保組合等保険者との連携であるデータヘルスやコラボヘルス、また健康経営度調査等のフィードバックシートも該当します。

経営面等では、健康を重要視する人事制度やイノベーションを起こす心理的安全性、さらにヘルスケアビジネスを展開していればそのノウハウ、さらに競争優位を持つ企業文化（culture of health）や企業ブランドが考えられます。

これらの資産を活用し健康経営を推進します。このような企業内部の経営資源に競争優位の源泉リソースを求める戦略として、ジェイ・B.バーニーの「リソース・ベースト・ビュー（RBV）[41]」があり、「ケイパビリティ派」と呼ばれます。これに対し、外部環境を重要視し儲かる市場で儲かる立場を占めれ

41　ジェイ・B・バーニー（著），岡田 正大（翻訳）:『企業戦略論　競争優位の構築と持続【上、中、下】』、ダイヤモンド社（2013）

ば勝てる戦略として、マイケル・ポーターの「ポジショニング派」があります。

健康経営は、自社の社員を健康にし活力ある職場をつくるだけでなく、ブランド力を上げて、競争力を持ちますので、RBV の考え方になります。もう一つの RBV の特徴は、この戦略をとり成果が出始めると、ノウハウや資源が蓄積されて強化される点があります。つまり、人的資源やモノやカネ、情報等無形資産が強化されるのです。

そしてこれらの多くは、競争優位を生みますし、また前述のとおり範囲の経済が効きやすく、展開しやすいのも特徴です。戦略やビジネスモデルを変えても残っていくもので、土台になり得るのです。現代では、ポジショニングと RBV をまぜたり、また SDGs や ESG 経営等の持続可能性を高める戦略が主流になりつつあり、健康経営も広報 IR の活用等ではポジショニング分析が必要となります。健康経営資源の概念を持ち、競争優位の構築に取り組んでみてください。

第 3 節　コロナ禍を経てオンライン社会の取り組み

■ワークライフバランスを求める働き方と幸福の関係

一昔前は、健康は個人で管理するのが慣例でした。四半世紀前の日本企業では、休み明けに眠そうな顔で出社したときに、「なぜ休み中にしっかり睡眠をとって仕事への準備をしていないのか？」と注意を受けたのを覚えています。また今から 30 数年前の平成時代の始まりでは、「24 時間戦えますか？」という滋養強壮ドリンクのCMも流れていました。

つまり四半世紀前は、寝ないで働くことを社会が許容し、そのような行為を憧れと捉えカッコよいとも考えていたのです。だから男性は、子供が産まれるときでも働いていることが正しく、特殊な例を除きだれも異論を唱えてこなかったのです。

しかしここ8年で、働くことに関して社会を含む認識等が大きく変化してきました。一つのきっかけは、2016年に明らかになった電通過労自殺事件[42]だと考えます。その前からブラック企業大賞[43]の発表が行われていましたが、それほど注目は集めてきませんでした。私が主導している大学生向け健康経営訪問プロジェクト（後掲表22）でも、2017年度は大学生の参加者が前年度に比べ10倍以上に増えました。また2019年の私たちの調査[44]では、男子大学生が考えるホワイト企業のイメージに、「出産育児休暇の制度」が挙げられていました。これは男性の意識の大きな変化であり、今の大学生の多くは従来のがむしゃらな働き方に対し否定的に捉えているということです。

そこで、なぜ意識が変化したのでしょうか。今の大学生の親の多くは団塊ジュニア世代（1971～74年生）近辺の50前後です。そしてこの世代の一部は就職氷河期世代でもあり、働くこと自体が貴重であり価値があるものだったのです。当時の風潮は24時間働くことであり、それが当たり前でした。代わりの人材はいるとの考えで、ついてこられない社員は見捨てられ

42　高橋 幸美、川人 博：『過労死ゼロの社会を　高橋まつりさんはなぜ亡くなったのか』、連合出版（2017）

43　http://blackcorpaward.blogspot.com

44　新井 卓二、玄場 公規：「ホワイト企業」と「健康経営」のリクルートにおけるイメージ分析、BMAジャーナル、第19号、pp5-18, 2020

てきました。

しかし、その働き方を見ていた子供たち（今の大学生）は、その働き方を否定し、親の働き方を反面教師としたと考えられるのです。そしてこれにはいくつかの理由があります。

一つに家族や身近な大人が、一生懸命働いているのにリストラの対象になったり、働きすぎやストレスで病気になったりという姿を見る機会があれば、その働き方が正しいとは思えないのでしょう。

また社会的背景として、1980年にピークを迎えた労働人口や2008年にピークを迎えた総人口の減少も追い打ちをかけています。人の価値が一昔前とは大きく変わり、貴重でそして重要な資源となったのです。

現在は、部下が休み明けに眠そうであれば、私生活または現在の仕事において問題を抱えていないか、一声「大丈夫か？」と声をかけるのが、良い上司と考えられています。振り子の反動やまた甘えていると捉えることもできますが、私たちの調査からも好ましい働き方の認知の違いは年代で大きく異なっているようです。

そして健康管理は、2003年の健康増進法[45]、2015年のストレスチェック制度（労働安全衛生法第66条の10全体に係るもの）、2019年の働き方改革関連法[46]等の法律からも、管理主体が個人から企業へと移動していったのです。

そして働き方改革が叫ばれている昨今、健康経営との関係を誤解しているケースが見受けられます。まず働き方改革を推進

45　https://elaws.e-gov.go.jp/document?lawid=414AC0000000103

46　https://elaws.e-gov.go.jp/document?lawid=430CO0000000253

しても、健康には行きつかないという点です。逆に健康経営を推進すると、健康経営度調査の労働時間管理等の項目から、働き方改革に影響を及ぼします。

働き方改革の目的は、生産性の向上とワークライフバランスの改善等が挙げられますが、多くは残業の削減と給料の目減りを補填するための副業の推奨、そしてオンライン等で学ぶ機会を提供しているように見受けられます。しかし、これだけでは、副業している人間もおり、Totalでの労働時間は増え健康管理はむしろ個人の責任に戻っているように感じられます。

もちろん2020年の「副業・兼業の促進に関するガイドライン」改定[47]では、従業員からの申告によって健康管理はメインの勤め先が管理するように定められています。

しかし副業が増え複数企業に勤めたり、また流行りの働き手の職務内容をあらかじめ明確に規定して雇用する形態であるジョブ型雇用（企業が人材を採用する際に職務、勤務地、時間などの条件を明確に決めて雇用契約を結び、雇用された側はその契約の範囲内のみで働くという雇用システム。そのため別部署への異動や他拠点への移動、転勤はなく、昇進や降格も基本的にはない）の導入により、一億総フリーランス時代が来るといわれているとおり、個人事業主になるケースも増えるでしょう。そうなると、やはり健康管理が、個人に帰属する可能性が高くなりそうです。

そして健康管理が個人に帰属すると、企業に課せられている健康診断の実施義務と違い、健康診断も義務づけられていませ

47　https://www.mhlw.go.jp/file/06-Seisakujouhou-11200000-Roudoukijunkyoku/0000192844.pdf

んので、健康診断に行かないケースが増えていくことになります。健康経営では原則100％の健康診断の受診率ですが、フリーランスの平均は28％という衝撃的なデータ[48]もあります。

このように、働き方改革のみが先行する際は、健康の側面を持たないといけないでしょう。また裏を返すと、フリーランスは身体が重要な資本ですが個人では難しいので、企業が業績や生産性を上げるため、メインとする働き方の従業員だけでなく優秀な個人事業主や業務委託者も健康経営の対象者としたほうが、生産性向上やリクルート効果を得られると考えられます。

なぜならフリーランスの多くは優秀ですが、上述のとおり健診等の受診義務から外れており不安定だからです。自社で業務委託等の関わりがあれば、健康経営の対象者として、「健康教育を始めさまざまな健康にまつわるサービスやモノが受けられますよ」と伝えるとよいでしょう。喜んで手伝って＆長く一緒に働いてくれることでしょう。

今、世界的大企業の経営者が終身雇用の終わりを宣言し、働き方改革が毎日のように新聞やニュースをにぎわせています。正社員が同じ会社に所属し続けるという働き方、働かせ方は、実情に合わなくなっているのです。そこで、健康経営は人を引きつけることができるのではないでしょうか。働き方改革と健康経営の関係のイメージは図４のようになります。

図４で、もう一つの側面が、いきいきや幸福との関係です。健康経営だけだと、いきいきや幸福が達成されないと思われる方がいるようですが、これは誤解です。健康経営度調査の項目では、ワークエンゲージメントや、組織の活性度について、測

48　https://clinicten.jp/news/press/4256/

図4　働き方改革と健康経営と幸福の関係

※筆者作成

定しているか確認しています。

つまり、健康経営の効果として期待されているのです。ただもう少し前面にいきいきや幸福がでてきてほしいとも願っており、もう一つの側面として設定しました。イメージできましたでしょうか？

健康経営ですべてをつなぎ合わせているとも捉えることができます。そして健康経営は平等であり、合理性があるため、人をひきつける力があるということを覚えておいてください。

特に、中小企業ではこの人をひきつける力であるリクルート効果が大いに期待されています[49]。さらに健康経営の概念の側面を幅広く捉えれば、コロナ禍でのPCR検査補助やFacebook社（現メタ・プラットフォームズ社）等の卵子凍結費用の補助[50]も健康経営の施策として考えられます。ぜひ、健康経営

49　https://www.ohpm.jp/wp-content/uploads/2021/09/2ae076c519d8d1b387f60c6862bf5be8.pdf

50　TechCrunch, Facebook and Apple Offer To Pay For Female Employees To Freeze Their Eggs, https://jp.techcrunch.com/2014/10/15/20141014facebook-and-apple-offer-to-pay-for-female-employees-to-freeze-their-eggs/

で働き方やいきいき幸福も繋いでいきましょう。

■リモートワーク・テレワーク、ワーケーション・ヘルスツーリズム

リモートワーク・テレワーク

コロナ禍により、一気に進んだオンライン時代、その中の一つの働き方としてリモートワークやテレワークがあります。これらが進むと、一般的には、情報セキュリティや勤怠管理、コミュニケーションの不足やモチベーションの管理等が課題として挙げられています。

では、健康にはどのような課題があるのでしょうか？　“カラダの痛み”が最も多く、身体症状が波及してメンタルヘルスの不調もきたす可能性が指摘されています[51]。では、健康経営ではどのような課題があるのでしょうか？　聞いている限りでは、健康経営度調査にある受診率100％達成のため、進捗管理が難しいとの声を聞きます。

さて、健康経営の期待される効果は後掲図8のとおり、上記課題のコミュニケーションや身体の痛み等のプレゼンテーション、メンタルヘルス等に対しても有効です。

ただし、従来の延長で取り組んでも、対面ではありませんので、薄い効果しか得られないでしょう。コミュニケーションを高める歩数イベント等の工夫、プレゼンティーイズムを解消する運動動画等の準備、メンタルヘルス対策としての後述のレジ

51　Eccleston C et al,: Managing patients with chronic pain during the COVID-19 outbreak: considerations for the rapid introduction of remotely supported (eHealth) pain management services, Pain. 2020 May; 161(5): 889-893.

リエンス（心理的回復力）やマインドフルネス等の研修等が考えられます。ぜひアイデアをだして皆で取り組んでみてください。

ここでは面白い事例として、国際的なホテルグループであるハイアットの日本での取り組みを紹介します。2021年秋に“ウオーキング・チャレンジ”付き平日限定宿泊プラン「ステイフィット」を開催しました[52]。内容は、宿泊者に対し、滞在中1日のウォーキングで5千歩以上が記録された機器を提示することにより、ホテルごとに指定された料飲店での飲食利用分から5千円の割引を受けることができるというものです。

目的は、ハイアットでは企業理念である“ケア”の一環として、お客様と従業員のウェルビーイングに力を入れているからだそうです。地方に出張した際など、飛行機や新幹線、自動車等で動くことが多くなりがちですが、このような取り組みであれば歩くモチベーションが高まります。またこれが宿泊者のウェルビーイング向上のためというのも面白い取り組みだと思います。健康経営に取り組んでいる企業側は、このようなサービスを展開しているホテルを指定すれば、出張時でもウォーキングが促されることでしょう。

また最近では、自宅で、仕事等ができる環境でない方向けに、日帰り・デイユースも増えてきました。これもリモートワークの一つの形になるかと思います。

52　https://prtimes.jp/main/html/rd/p/000000088.000008031.html#:~:text=%E3%81%8A%E5%AE%A2%E6%A7%98%E3%81%AF%E3%83%81%E3%82%A7%E3%83%83%E3%82%AF%E3%82%A2%E3%82%A6%E3%83%88%E6%99%82%E3%81%AB,%E5%8A%9B%E3%82%92%E5%85%A5%E3%82%8C%E3%81%A6%E3%81%84%E3%81%BE%E3%81%99%E3%80%82

東京都では、宿泊施設テレワーク利用促進事業[53]として、公的な補助も含め推進しています。また、WeWork[54]等のコワーキングスペースも増え続けています。これらにも運動やストレッチ、歩かせる仕組み等があれば、健康経営の役に立ちそうですし、また事業者側からみる健康経営に向けたサービスとして展開できるのではないでしょうか？　ぜひ、ご検討ください。

ワーケーション・ヘルスツーリズム

ワーケーションとは、「ワーク（仕事）」と「バケーション（休暇）」を組み合わせた造語となり、英語圏の主要メディアでは一般的に「workcation」と表記されています。観光地やリゾート地でテレワークを活用し、働きながら休暇をとる過ごし方で、在宅勤務やレンタルオフィスでのテレワークとは区別されているそうです。よってここでは、テレワーク・リモートワークと区別して紹介します。

ワーケーションは、観光地やリゾート地での働き方になり、旅行会社のJTBが展開している「JTBワーケーション」[55]や、不動産会社の三菱地所が展開している「WORK×ation Site」[56]等があります。2020年の調査では、ワーケーションが生産性・心身の健康にポジティブな効果を与えることが示唆されています[57]。

53　https://www.sangyo-rodo.metro.tokyo.lg.jp/tourism/kakusyu/telework/
54　https://www.wework.com/ja-JP
55　https://www.jtb.co.jp/theme/workations/
56　https://workxation.mec.co.jp/?gclid=Cj0KCQiAosmPBhCPARIsAHOen-MXumiaYzWAYWOAkROXFVeP1gOk3phvS_3T4A5IP_B1CuYgFQ22OQoaAkWPEALw_wcB

一見すると、健康経営の特にメンタル対策として相性が良いように感じますが、健康経営度調査に載っているわけではなく、現時点では、健康経営と整合性が取りにくいのが実状です。また働いている個人からみても、仕事がしやすい環境がゆえにずっと部屋に籠ってしまい、仕事の生産性は上がるが健康的ではなかったり、また企業からみると料金負担や参加できる部署等が限られる点等があり、公平性等の観点から健康経営の文脈での導入に二の足を踏んでいるように見受けられます。

もう一つヘルスツーリズムという言葉をご存知でしょうか？ヘルスツーリズムとは、「地域健康資源を活用した健康増進につながる旅行・観光」のことであり、「医療費削減」「新たな市場創出」「雇用の拡大」による経済成長の一石三鳥の効果ができる分野として期待されています。つまり地方創生の切り札の一つとして、地域が取り組んでいます。

ヘルスツーリズムは、健康経営を管轄している経済産業省のヘルスケア産業課で、2015 年から認証制度等を主導した経緯[58]から、健康経営とは絡みがあり、調査票の運動の設問項目の回答例 13 項目の内の一つとして「心身の健康増進を目的とした旅行（ヘルスツーリズム）を開催し、運動の習慣付けの指導を行っている」と紹介されています。

代表的な事例に、山形県上山市の「上山型温泉クアオルト事業」[59]があります。「クアオルト」とは、ドイツ語で「健康保

57　https://press.jal.co.jp/ja/items/uploads/d4d8a6c05891bfc140249768cbf6ddbb87d8e3c0.pdf

58　https://www.meti.go.jp/committee/kenkyukai/shoujo/jisedai_healthcare/sinjigyo_wg/pdf/009_06_00.pdf

59　https://www.city.kaminoyama.yamagata.jp/site/kurort/kuaoruto-top.html

養地・療養地」の意味で、自然環境や温泉、食などの恵まれた地域資源を活かして、健康経営を支援しています。すでに、保険会社を中心に協定を結んでおり、健康経営の一環で、1泊2日の健康増進施策等で利用が進んでいるようです。

さらにヘルスツーリズムに近い概念で、ウェルネスツーリズムがあります。こちらも旅の力を活かした新たな健康増進[60]として、旅行会社を中心に、健康経営等に取り組んでいる企業向けにサービスを展開しています。

面白い事例ですと、パソナグループのパソナウェルネスプログラム[61]があります。本プログラムは、発酵食品や野菜中心の食事と運動を組み合わせた健康的な生活習慣を身につける内容で、本社機能の一部を兵庫県の淡路島に移動させたからこそできた取り組みとなっています。これはグループが持つ経営資産を活用していますので、パソナグループだからできた後述第3章のSTEP3の健康経営施策に該当します。

本項の最後に、2022年、ヤフー株式会社が、人事制度「どこでもオフィス」を拡充し、通勤手段の制限を緩和し、居住地を全国に拡大できるなど、社員一人ひとりのニーズに合わせて働く場所や環境を選択できるようにしました[62]。もともとヤ

60　荒川 雅志：旅の力を活かした新たな健康増進，ウェルネス健康経営プログラムの開発―ウェルネスツーリズム・ウェルネスサードプレイスの実際― 31-36 (906) Precision Medicine Vol. 3 No. 10, 2020

61　https://www.nambuyasuyuki.com/news/2020/07/3072/#:~:text=%E3%83%91%E3%82%BD%E3%83%8A%E3%82%B0%E3%83%AB%E3%83%BC%E3%83%97%E3%81%AF%E3%81%93%E3%81%AE%E3%81%9F%E3%81%B3,%E8%BA%AB%E3%81%AB%E3%81%A4%E3%81%91%E3%82%8B%E3%83%97%E3%83%AD%E3%82%B0%E3%83%A9%E3%83%A0%E3%81%A7%E3%81%99%E3%80%82

62　https://about.yahoo.co.jp/pr/release/2022/01/12a/

フーは、2020 年に無制限リモートワーク等の働き方を導入し話題になりました。また健康経営の取り組みでも 2020 年、2021 年と健康経営銘柄[63]に認定されています。

今後は業種にもよるのでしょうが、自由な働き方が普及していくことでしょう。その際、健康という視点も持って、施策を取り入れる必要があるでしょう。最先端の働き方を実践しているヤフーの、今後の健康経営の取り組みにも注目していきましょう。

■コロナ禍での健康経営とキーワード

ここ数年のコロナ禍を経て健康経営はどう変わったのかとの問い合わせを受けることが多くなりました。健康経営の本質（競争優位やサステナビリティ）は変わっていないと考えます。ただ従来と比べてやり方や手段が変わりました。前述のとおりテレワーク等でリモートワークが進み、オフィスに人がいなくなったからです。そして企業が健康経営の推進で苦労されているのは、健康診断の受診方法と勧奨手段だと思います。ただこれらの多くは初めてのことで、新しい対応が必要でしたが、徐々に慣れることで、ある程度解決するものと思われます。

次に課題としては、新しいリモートワーク等の課題とするとコミュニケーションの不足や業務効率の悪化、残業の増加[64]等が挙げられます。また健康課題では、目が疲れることや肩こり・腰痛に関わる課題の増加傾向[65]です。それ以外に行動様式の変化には、歩く歩数が減ることの運動不足[66]や毎日の飲

63　https://about.yahoo.co.jp/hr/conditioning/
64　https://www.soumu.go.jp/menu_news/s-news/02tsushin02_04000048.html
65　https://www.backtech.co.jp/newcorona_enterprise_telework_201022/

酒による肥満[67]、不規則睡眠[68]等が挙げられます。これらの課題に対し、健康経営ではどのように対応し解決できるのでしょうか。

多くはちょっとした工夫やICTやオンラインの設備を用意することで解決するものと思われます。例えば、健康経営のウォーキング大会を住むエリア毎に開催し、ランキング形式にするとか、対戦形式にしてコミュニケーションを発生させるように仕組みをつくり変える等が考えられます。ほかに、会議の冒頭5分は会議出席者の上長がストレッチ講座を行ったり動画を見て一緒に取り組む等で、座りすぎのリスクを減らす[69]等が考えられます。またコミュニケーションの不足により、孤独感を持つケースも多いようなので、1 on 1ミーティングや毎日雑談を強制的に30分行ったり、オンラインヘルシーランチや健康飲み会ツール等の活用も考えられます。さまざまな対策の中に健康という視点でもみて、施策に健康軸を加えてもらえたらと思います。

次に、直近の流行のキーワードとして、2つ紹介します。一つ目は、女性（Female）の健康課題をテクノロジー（Technology）で解決する「フェムテック（Femtech）」があります。代表的な例として、日本だと株式会社エムティーアイが運営しているルナルナ（Luna Luna）[70]があります。日本では会員数

66 https://www.tairyoku.or.jp/information/images/tanakacolumn2020.4.24.pdf
67 https://kyodonewsprwire.jp/prwfile/release/M106693/202111103137/_prw_OR1fl_5kq1G8TE.pdf
68 https://www.fnn.jp/articles/-/144212
69 https://www.mhlw.go.jp/content/000656521.pdf
70 https://sp.lnln.jp/brand

180 万人を有する人気サイトになります。

これを健康経営の視点でみると、経済産業省が 2019 年に発表した「健康経営による女性の健康課題への対応」[71] との関係が挙げられます。ここでは、女性特有の月経随伴症状による労働損失は年間 4,911 億円と試算され、健康経営を通じて女性の健康課題に対応し、女性が働きやすい社会環境の整備を進めることが、生産性向上や企業業績向上に結びつくと提言されています。結果、翌年の健康経営度調査から「女性の健康課題への対応」が追加されました。そう考えると、ルナルナ等のフェムテックも健康経営施策と捉えることができるのです。

さらに、女性の健康では、三菱地所グループが運営している「まるのうち保健室」[72] が挙げられます。これは、東京・丸の内エリアで働く女性の健やかな暮らしをサポートすることを目的としており、また調査も行っており報告書 [73] も発表しています。健康経営でみると、例えば、自社の女性社員に保健室を、就業時間中に体験させる等で、これらを活用することも考えられます。

二つ目に「レジリエンス（心理的回復力）」があります。こちらは心の柔軟性と捉えられており、メンタルヘルス研修で用いられるケースが多いようです。一昔前の入社選考に使用されていた株式会社リクルートマネジメントソリューションズが提供する適性検査である SPI の「ストレス耐性」が、これと近い概念でしょう。

71　https://www.meti.go.jp/policy/mono_info_service/healthcare/downloadfiles/josei-kenkou.pdf

72　https://shokumaru.jp/hokenshitsu/

73　https://shokumaru.jp/hokenshitsu/report2016/

違いは、「ストレス耐性」は素質であるため変化しないのに対し、レジリエンスは鍛えることができるという点です。またメンタルヘルスの対策として導入されるケースが多いようですので、健康経営では、同様な施策として2021年の調査票のメンタル対策において、EAP（従業員支援プログラム）やマインドフルネス等が挙げられています。

マインドフルネスも少し前に流行ったワードであり、「ただ目の前のことに集中する状態」を指します。有名なものに『サーチ・インサイド・ユアセルフ―仕事と人生を飛躍させるグーグルのマインドフルネス実践法』[74]があります。詳細は当該本に譲りますが、マインドフルネスによって、Well-beingを高め、生産性も高まることが知られています。またオフィスにおける禅の効果も認められており[75]、Appleの共同創業者スティーブ・ジョブズが取り組んでいたこと[76]で有名になりました。このようにメンタルの領域では、新しい用語や概念がいろいろとでてきています。そしてこれらの多くは、メンタルヘルス対策として、人が無意識に抱えている思考のクセであるマインドセット[77]への介入と考えられます。

74　チャディー・メン・タン（著），一般社団法人マインドフルリーダーシップインスティテュート（監訳），柴田 裕之（翻訳）：『サーチ・インサイド・ユアセルフ―仕事と人生を飛躍させるグーグルのマインドフルネス実践法』、英治出版（2016）

75　Shunryu Suzuki（著），Trudy Dixon（編集），Huston Smith（序文），Richard Baker（序論）：Zen Mind, Beginner's Mind: Informal Talks on Zen Meditation and Practice (Shambhala Library), Shambhala, 2006

76　ウォルター・アイザックソン（著），井口 耕二（翻訳）：『スティーブ・ジョブズⅠ、Ⅱ』、講談社（2011）

77　キャロル・S・ドゥエック（著），今西康子（翻訳）：『マインドセット「やればできる！」の研究』、草思社（2016）

マインドセットとは、キャロル・S・ドゥエックによると「硬直マインドセット」と「しなやかマインドセット」に分類され、育む、伸ばすことができる思考と考えられています。「しなやかマインドセット」があれば、困難に直面しても、前向きに楽しくそして成長する機会と捉えることができます。こう考えると、レジリエンスやマインドフルネスは対症的であり、マインドセットの改善が根本的な対応にも見受けられます。メンタルヘルス対策も重要ですが、併せて根源的な「しなやかマインドセット」研修も行ってみてはいかがでしょうか。

第４節　ビジネスモデル（ヘルスケアビジネスへ）

■健康経営をビジネスモデルへ

健康経営は戦略であり、新しいマネジメントシステムでもあり、捉え方によっては新しいビジネスモデルと言い換えることもできます。そこで本節では健康経営を新しいビジネスモデルとして捉えて紹介します。

健康経営の取り組み成功している企業の多くは、健康経営の取り組みを、どのようにビジネスにつなげていくのか考えています。

ではどうやって健康経営をビジネスに、事業化につなげていくかですが、これが健康経営のビジネスモデル化になります。

一番取り組みやすいのは、多分コンサルティング会社です。コンサルティング会社は、無形資産であるビジネスモデルをつくっていくのが仕事の主だからです。よって健康“経営”の経営の導入支援（コンサルティング）に向いています。ただし健康経営は、コンサルティング業界では取り組みづらい側面もあります。

それは、業界の働き方がし烈で健康経営に向いていないからです。そういう意味ではホワイト500（経済産業省認定の「健康経営優良法人（大規模法人部門）」の中でも、特に優秀であると認められた上位500社）に認定されているアビームコンサルティング株式会社[78]が積極的に行っているのは稀有なケースであり、業界においてリクルート等で競争優位を生むことができているとも考えられます。もう一つが、"健康"経営の推進を支援している会社で、支援部隊が、健康等に関わる専門職である場合が考えられます。例えば、保健師等保健スタッフや臨床心理士等の専門家で構成されている株式会社保健同人社[79]や、管理栄養士のみで構成されているカゴメ株式会社[80]の事例があります。

そして健康経営の取り組み方は、独自のノウハウとなります。特に後述第3章のSTEP3の健康経営までできている企業は、オリジナル性を持っているケースが多いと考えられます。これらを他の企業にそのまま移植できるかというと、それは大変難しいです。理由は、健康経営が前述のとおり、無形資産となり自社の持っている経営資源に依存するからです。

逆にいうと、企業独自の健康経営資源に頼っているから、他社が真似できない競争優位を持てるという考え方もできます。そして健康経営のノウハウは当然無形資産となります。無形資

78 https://www.abeam.com/jp/ja
79 https://www.hokendohjin.co.jp/ja/index.html
80 https://www.kagome.co.jp/products/healthcare/

産のノウハウは暗黙知（経験や勘といった言語化が難しい主観的な知識）と考えられ、これを形式知（言語化された知識／客観的な知識）として発展していければ、仕組み化[81]することもできると考えます。これらは、新規事業のネタになりうるでしょう。またこれらのノウハウを数値化や貨幣化できれば会計ソフトや税理士事務所もビジネスチャンスがあります。

ここで、健康経営の市場について、コロナ前の2017年時点のデータですが、経済産業省のデータ[82]をご紹介します。ただし、現在経済産業省では、社会情勢の変化に応じた新たなヘルスケア領域の枠組みを整理し、市場規模の再推計を行っています[83]。

全体では、ヘルスケア産業の市場は2016年には約25兆円、2020年には約28兆円、2025年には約33兆円になると推計されています。そのうち、健康経営関連は、「従業員が健康的に働けるように職場環境を整えるための企業・保険者向けサービス」と定義されており、2016年5,600億円が、2025年で7,600億に拡大すると予測しています。

例として、「健診事務代行」や「メンタルヘルス対策」等が取り上げられています。また第１節で紹介したとおり、調査票の制度・施策実行の小項目を上記例２つ以外でみると、「ヘルスリテラシーの向上」、「ワークライフバランスの推進」、「職場の活性化」、「病気の治療と仕事の両立支援」、「具体的な健康保

81　野中 郁次郎、竹内 弘高：『知識創造企業（新装版）』、東洋経済新報社（2020）
82　https://docs.google.com/document/d/1VdSazTYI74cCizbmiFrxaLBk9p6MVkJoVvIfjBIrE68/edit#
83　https://www.meti.go.jp/shingikai/mono_info_service/kenko_iryo/shin_jigyo/pdf/001_03_00.pdf

図５　健康経営に関連する市場

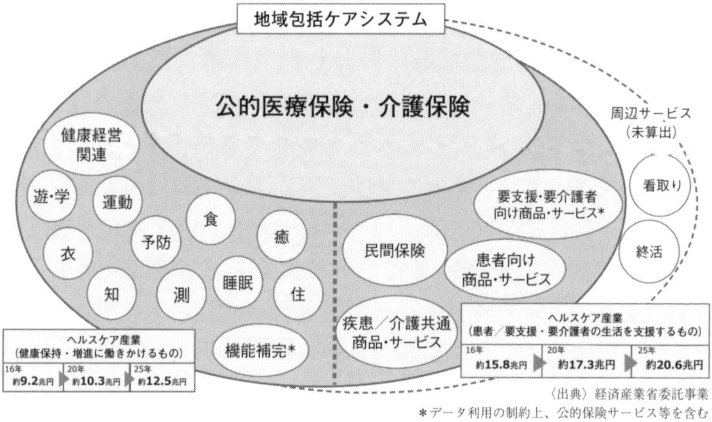

出所：第１回新事業創出 WG　事務局説明資料（今後の政策の方向性について）
令和３年１月29日　経済産業省 商務・サービスグループ　ヘルスケア産業課

持・増進施策」、「感染症予防対策」、「喫煙対策」があり、それらに対し、専門家による勉強会や、勤怠管理システム、エンゲージメント向上サービス、コミュニケーションツール、職場環境整備、社会保険労務士等が提供する両立支援サービス、感染症予防商品、運動、食事、禁煙サービス等、健康に少しでも関われば、さまざまなサービスや商品が含まれることになります。このように健康経営の市場はすそ野が広い産業になっています。

さらに、過去の健康経営度調査では、ヘルスケアビジネスに携わっているか、またビジネスを創出したか聞いていました。これは、所管する経済産業省のヘルスケア産業課の目的が、①健康経営の普及と②ヘルスケア産業の創出の２点であるため、健康経営に取り組んでいる企業からのヘルスケアビジネス創出も期待しているからです。

■すべての企業がヘルスケア企業へ

さて大学等の教壇に立っている私は、ビジネススクールでも担当させていただく機会があります。そこで新規事業のアイデアをチームでディスカッションすると、最低半分、多ければ全部のチームがヘルスケアに関わるアイデアをだしてきます。それぐらい、今新規事業を考えると、超高齢社会等の社会的状況により、ヘルスケア産業に関わるアイデアになるのです。

そこでヘルスケアの定義は何かというと、一般財団法人日本ヘルスケア協会[84]によると、「ヘルスケアとは、分析の知と臨床の知との対話の下で、産業横断的に提案される価値の創造を通じて、人々が『よく生きること（well-being)』をめざし、病気や心身の不調からの『自由』を実現し、かつ自らの『生きる力』を引き上げていくための手伝いをする諸活動である」とされています。ここでもWell-beingがでてきますが、Well-beingを、自由に、引き上げていくこととなるようです。

またヘルスケア産業の分類は次ページの図6のとおりです。ヘルスケアの概念は幅が広く、左側の項目をみると管轄は、厚生労働省や経済産業省、農林水産省、スポーツ庁、消費者庁、内閣府等多くの官庁が存在することがうかがえます。また図5のとおり、経済産業省の試算でもさまざまな領域があり、公的医療保険、介護保険を除いても、2025年で約33兆円が見込まれている一大産業となります。つまり、超高齢社会の到来からヘルスケア産業は有望であり、またあらゆる企業がヘルスケア事業者になる可能性が高い[85]ということです。そして、健康

84　https://jahi.jp/

85　株式会社ピー・アンド・イー・ディレクションズ（編著）：『変貌するヘルスケア業界―あらゆる企業がヘルスケア事業者に』、日本医療企画（2021）

図6　ヘルスケア産業の分類

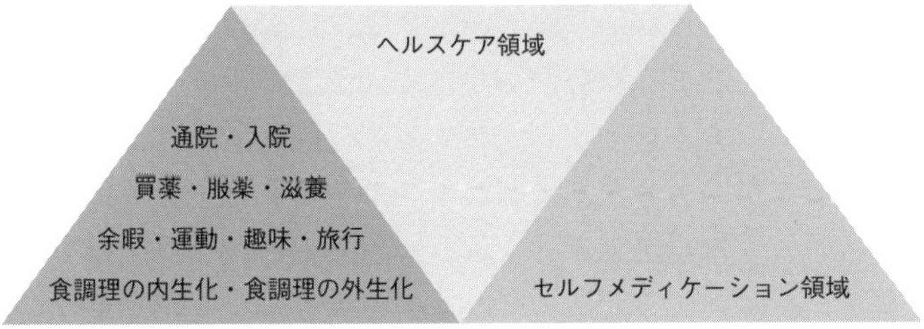

出所：一般財団法人日本ヘルスケア協会ホームページより

経営には、健康診断やメンタルヘルスを始め、運動、食事等さまざまなヘルスケアの要素が含まれます。さらに、健康増進が主のため、医療的要素が薄いのも特徴です。

前述で、健康経営のような無形のマネジメントシステムは、野中郁次郎らは「無形資産であり形式知化する必要がある」と紹介しました。しかし、健康経営度調査を見た読者はご存じのとおり、かなり細かく多くの設問が用意されており、初めて取り組む企業にとっては、自由な取り組みが入る余地がないように見受けられるかもしれません。後述第3章の3 STEPからみると、STEP1は、調査票（社外）の形式知に取り組む作業になりますので、上記のような考えで間違いありませんが、STEP3では、自社の経営資源との統合が図られ暗黙知化されます。その後、形式知化することによって、社外に発信できるのです。

つまり、社外からの形式知から取り組み始め→社内への経営資源との融合による暗黙知へ→社外への発信等で再度形式知化、と社外と社内を行き来することになります。これこそが、知識創造企業の本質であり、日本型のイノベーションに繋がるのです。野中らは「現場の中から生まれた独自のノウハウを、いかにシステム化し、仕組み化できるかが本質的な課題となる。スケール化も。そしてそれを組織の内外に流通させ、新たな知恵を加えて進化させていくことが肝要である」と述べています。

その例として、SCSK 株式会社の働き方改革・生産性向上ソリューション[86]があります。SCSK は、働き方改革や健康経営の取り組みで著名な企業でメディアにも多数取り上げられており、また厚生労働省「働きやすく生産性の高い企業・職場表彰」最優秀賞（厚生労働大臣賞）受賞（2017 年）や経済産業省・東京証券取引所「健康経営銘柄」に 10 年連続で選定（2015 年〜 2024 年）等多くの受賞歴があります。そこで、自社で培ったマネジメントシステムである暗黙知を IT を活用し形式知化して、新規事業としてサービスを展開しています。すなわち、SCSK は働き方改革や健康経営で企業ブランドを高めてから、ブランド戦略としてヘルスケアのビジネスモデルに取り組んでいるともいえるのです。

ここで、健康経営に資するサービスや商品を展開している企業や地方自治体の例を紹介します。これらの組織等では独自に健康経営を定義している事例が見受けられます。しかし、うまくいっているという話はあまり聞きません。前述のとおり、健康経営度調査は年度ごとに多少の変更はありますが、経済産業省が掲げる健康経営の定義は、調査票の範囲に収まります。逆にいえば、調査票以外の項目においては、現在経済産業省が掲げる健康経営の定義や取り組みからは外れるということです。

この場合は、2 点対応策があると考えます。一つ目は、次年

86　https://www.scsk.jp/pickup/workstyle/index.html

度以降の健康経営度調査に載せてもらう等の経済産業省へのロビー活動があります。これで、一番使われている経済産業省の健康経営の定義に収まり、取り組みとして紹介されますので、商品やサービスの認知度向上と販売可能性が高まります。

二つ目は、後述第3章のSTEP3に位置づけ、基礎STEP1として健康経営度調査を設定し、その上に独自の取り組みとして、新たな健康経営と定義しなおす方法です。新しい定義は、経済産業省の定義が普及している以上、他の企業や社会に認知させるのはハードルが高くなります。また調査票では、質問項目が全部で71あり、さらに各質問に例として取り組みが紹介されているため、全部で約240の取り組みが紹介されています。

健康経営推進担当者はこれらの項目にできる限り回答し、点数を稼いで、ホワイト500や健康経営銘柄の選定を目指しています。直接点数に影響しない項目については、取り組む動機は低く、やはりハードルが高くなります。

まずは、調査票を吟味し、それに適合または沿うように自社のサービスや商品を設定することをお勧めします。

■デジタル技術を活用したヘルスケア

ヘルスケア産業の創出では、一般的な新規事業の創出と同様、ITやデジタル技術を掛け合わせてテックになる事例が多くあります[87]。例えば、【生活】の衣だとサイズテックとなり、食だとフードテック[88]、住まいだとスマートライフになります。

87　玄場 公規、新井 卓二、小野 恭義：『ヘルスケア・イノベーション』、同友館（2020）

88　田中 宏隆（著），岡田 亜希子（著），瀬川 明秀（著），外村 仁（監修）：『フードテック革命　世界700兆円の新産業「食」の進化と再定義』、日経BP（2020）

そして【カテゴリー】で分けると、女性だと前述のとおりフェムテック、年代で分けると、母子健康手帳アプリ[89]や、全年代向けには「個人の健康・医療・介護に関する情報のことを指しており、個人の健康・医療・介護に関する情報を自分自身で生涯にわたって管理・活用することによって、自己の健康状態に合ったサービスの提供を受けることができることを目指す」パーソナルヘルスレコード（Personal Health Record）[90]があります。2022年度から健康保険証の代わりにもなったマイナンバーカード[91]も該当するでしょう。地域では、前述のとおりIT等を使って測定と組み合わせたウェルネスツーリズムもあります。このようにさまざまなテックも、ヘルスケアを重要な要素の一つとみています。

ほかにも医療の中心である遠隔診断や治療、薬の配達などもあり、日経BP社のデジタルヘルス｜日経クロステック[92]やインフォーママーケッツジャパン株式会社が主催しているヘルスケアIT展[93]、一般社団法人日本能率協会主催の次世代ヘルスケアプロジェクト[94]などがありますので、一度ご覧ください。

健康経営でデジタル技術を活用した事例では、ICTを活用した測定と、オンラインの活用の２点が挙げられます。ICTは、ウェアラブルデバイスの発達により、簡易に行うことができるようになりました。ポケットに入れておくだけの活動量計から

89　https://www8.cao.go.jp/shoushi/shoushika/meeting/taikou_4th/k_5/pdf/s7-1.pdf
90　https://www.mhlw.go.jp/content/11909500/000741661.pdf
91　https://www.kojinbango-card.go.jp/
92　https://xtech.nikkei.com/media/digitalhealth/
93　https://www.care-show.com/healthit/
94　https://jma-kkp.com

始まり、携帯電話や腕時計型等多様な種類があり、また測定も歩数だけでなく、睡眠の質や血圧等まで測れるようになってきました。こちらのウェアラブルデバイスを社員に配ることによって、管理において個人情報保護やプライバシー権にも配慮しながら、簡単に身体データを測定できるようになってきました[95]。

さらに、コロナ禍で医療機関受診に慎重になる人が多いことを踏まえ、遠隔健康医療相談として、社員や家族のオンライン相談だけでなく、特定の家族を対象とした小児科オンラインと産婦人科オンライン等を活用している企業も増えています。

ウェアラブルデバイスで有名なのは、Fitbit[96]とアップルウオッチ[97]になるかと思います。2020年には厚生労働省がアップルウオッチに搭載されたアプリを医療機器として認定した[98]のは記憶に新しいところです。ほかには、オムロンヘルスケア株式会社が2019年に発売した医療機器認証を取得したウェアラブル血圧計[99]があります。健康経営度調査では高血圧者の人数等の報告がありますので、この血圧計を治療が必要な高血圧者に配布して管理したり、ストレスチェック制度の結果、高ストレス者の内の希望者に配布する等の施策が考えられます。

さらに、2020年には医師から処方される「禁煙治療用アプリ[100]」も保険適用されるようになり、2022年には、「高血圧治

95　矢野 和男：『データの見えざる手　ウエアラブルセンサが明かす人間・組織・社会の法則』、草思社（2018）
96　https://www.fitbit.com/global/jp/home
97　https://www.apple.com/jp/watch/
98　https://www.apple.com/jp/healthcare/apple-watch/
99　https://www.healthcare.omron.co.jp/product/hem/hcr-6900t-m.html
100　https://www.e-healthnet.mhlw.go.jp/information/tobacco/t-06-010.html

療用アプリ」[101]も処方され、保険適用されました。また、パーソルワークスデザイン株式会社が提供しているデジタル（仮想）空間でのアバターを使ったメンタルヘルスの相談等のビジネス[102]も始まっており、デジタル技術の進歩に合わせたヘルスケアサービスや商品が誕生しています。

注意点として、IT等のデジタル技術を活用すると、良い面として社員同士の関係性が深まるという点と、悪い面として監視や管理されるという点があります。コロナ禍において、コミュニケーションの不足が叫ばれています。そういう意味では、デジタル技術を使って、従業員同士つながっておくというのは大切な施策です。企業によっては、オンラインツールを使って毎週金曜日に1on1面談を義務づけているところもあるそうです[103]。

しかし、これが進むと、頻繁な定時報告や不定期な連絡等で、管理または監視されていると感じてしまう場合もあります。私からみると、社員に対し性善説を持っている会社は、社員も信頼されていると感じ、一部不正を行う者がいたとしても中長期的に改善されていくように見受けられます。

逆に、企業が性悪説を持っていると社員は管理されているように感じ、取り組みが浸透また進捗していないように見受けられます。しかし、健康経営における任意と強制は、後述第３章の世代間ギャップも存在するため、一概には判断できなくなっています。また、社会情勢も変化し続けていますので、新たなヘルスケア領域も誕生していくことでしょう。現時点で最適で

101　https://cureapp.co.jp/productsite/ht/
102　https://www.persol-wd.co.jp/service/healthcare-service/kataruru.php
103　https://telework.mhlw.go.jp/

も、数年するとずれていることもあるかと思いますので、常にブラッシュアップし続ける仕組みを構築する必要もありそうです。

第5節　健康経営の最前線とエビデンス

■健康経営顕彰制度と 10 年の振り返り

経済産業省が管轄する全国規模の健康経営顕彰制度（健康経営銘柄、健康経営優良法人）申請数と認定数は順調に増加しており、2023 年度の申請数でみると大規模法人部門で＋ 354 件の 3,523 件（前年度比約 11％増）、内上場企業は＋ 76 件で 1,203 件（前年度比約 7％増）となりました。中小規模法人部門は＋ 2,915 社の 17,316 社（前年度比約 20％増）と、過去最多となりました。申請数と認定数の推移は表 3 のとおりです。

特に上場企業においては随分と浸透しており、健康経営に取り組む、または関連する別の取り組みを推進する等、積極的な姿勢が明確になってきた印象を持っています。一方、中小企業は全国規模でみればまだまだで、ACTION 健康経営（https://kenko-keiei.jp/）で紹介されているとおり、昨年は「健康経営®の入門編！ACTION！セミナー」と題し、札幌、長崎、岐阜で、本年度も仙台、福岡、金沢、広島、沖縄等の地方で開催されており、徐々に地方自治体等を通し、健康経営の普及が行われているのが現状です。筆者も 9 月以降に茨城県、岐阜県（3 回）、年明けには沖縄県、山口県、東京都労働局等の自治体から、管内の企業向けに健康経営の普及講演の依頼を頂戴しており、従来の経済産業省の発信に加えて、徐々に地方を含む自治体が本

表 3　健康経営顕彰制度の健康経営度調査への回答数

顕彰制度への申請数

年度	上場企業	大規模法人	中小規模部門
2014	493		
2015	573		
2016	608	726	397
2017	718	1,239	816
2018	869	1,800	2,899
2019	964	2,328	6,095
2020	970	2,523	9,403
2021	1,058	2,869	12,849
2022	1,128	3,169	14,401
2023	1,203	3,523	17,316

※著者作成

参考：経済産業省、健康・医療新産業協議会 第 10 回健康投資 WG 事務局説明資料 1、令和 5 年 12 月　https://www.meti.go.jp/shingikai/mono_info_service/kenko_iryo/kenko_toshi/pdf/010_02_00.pdf

顕彰制度の選定・認定数

年度	健康経営銘柄	健康経営優良法人（ホワイト 500）	健康経営優良法人（ホワイト 500）
2014	22		
2015	25		
2016	24	235	318
2017	26	539	775
2018	37	813	2,501
2019	40	1,472（495）	4,811
2020	48	1,801（500）	7,934（500）
2021	50	2,299（500）	12,255（500）
2022	49	2,676（500）	14,012（500）
2023	53	2,988（500）	16,733（500）

※著者作成

参考：Action 健康経営、認定企業一覧、令和 6 年 3 月　https://kenko-keiei.jp/houjin_list/

腰を入れ管内向けに普及に努めているように感じています。

次に、2014年度の第1回健康経営銘柄から10年が経過し、顕彰制度の総括について8個紹介されています[104]。注目すべきは2点あります。

一つ目は、「②健康経営度調査票改訂の変遷」です。施策の中で反応が無いと往々にして取りやめてしまうケースがある中で、10年間しっかりと取り組んできたからこそ振り返れる内容になっています。また現在の経済産業省ご担当者が10年前の制度設計に携わり、再度戻られ現在活躍されているのもよかったのではないでしょうか。そして日本における健康経営の骨子＆取り組み事例は、この調査票に統一されていると言っても過言ではありません。これは様々なサーベイや取り組みがある他のwell-being（経営）等と違い、分かりやすくなっていることが日本における普及の一因になっているかと思います。具体的には下記のとおりです。

- 健康経営度調査票は、より効果的な健康経営に繋げるべく、毎年改訂を続けている。
- 評価に使用する4つの側面（「経営理念・方針」「組織・体制」「制度・施策実行」「評価・改善」）に関する設問構成は初年度に「制度・施策実行」に関する設問数が7割であったが、2023年度では5割に減少。他方で、「経営理念・方針」、「評価・改善」の割合は倍増している。

104　参考：経済産業省、健康・医療新産業協議会 第10回健康投資WG 事務局説明資料1、令和5年12月　https://www.meti.go.jp/shingikai/mono_info_service/kenko_iryo/kenko_toshi/pdf/010_02_00.pdf　pp16-25

前述のとおり、初期の調査票では産業保健体制の徹底や充実を回答させておりましたが、現在は女性の健康や生産性の向上、さらに戦略や業績への紐づけ等へ大きく変化してきました。これらによって企業は取り組みを進化、または新たな測定等で適応させる必要がありますが、一部の企業では出来ていませんでした。それを示すように制度開始から健康経営銘柄に選ばれているのはSCSK株式会社のみとなっており、また毎年3～4割の企業が新たに健康経営銘柄に選ばれていることも、その証左ではないでしょうか。

さらに筆者は、後述表23のとおり、初回の健康経営銘柄の発表後から、学生と一緒に健康経営企業を訪問してきました。毎年改訂で新規項目（2024年度から花粉症対策や眼精疲労対策、ビジネスケラー対策等）が追加されると、企業側では産業保健スタッフだけでは調査票に回答できず、制度設計のため人事部や総務部等多くの部署を巻き込む必要がありますが、組織変更等を伴う場合もあり、これがなかなか出来ておらず苦戦している企業がありました。結果、訪問先では銘柄企業に選ばれていたのにも関わらず翌年の健康経営度調査は目指さないとお話しされる企業もありました。

また筆者は前述のとおり地方自治体にもお伺いしているのですが、現在全国の都道府県レベルでは独自の顕彰または表彰制度があります。こちらは制度設計の最初に経済産業省の健康経営度調査を参考に都道府県の独自の項目を追加し、決まった後は、ほとんど改定が行われていないようです。自治体ごとに有識者会議等を持たれているケースが多いようなので、そうした専門家の意見を活用し、見直しを行ってぜひ都道府県独自の顕彰・表彰制度をアップデートしていって欲しいと願っています。

二つ目は「⑧健康経営度調査回答法人内訳及び離脱率の推移」です。具体的には下記のとおりです。

- 健康経営度調査への新規回答法人数は直近3年間で約17%、継続回答は約80%で推移。前年度は回答していたが当該年度は未回答になった法人数（離脱率）は年々減少。
- 初年度から昨年度までの9年連続回答は176法人で約4割であるが、継続回答率は年々高まっている（新規上場、合併等考慮せず）。

特に調査票への回答離脱率が10%となっていることから、多くの企業にとって、ここ10年で働き方やコロナ禍等の社会・環境変化、Well-beingや人的資本経営等流行の経営戦略の変化を経ても、健康経営だけは推進していることが伺えます。つまり企業にとって重要な経営戦略上の施策になっていることが推察されます。また上場企業の取り組み事例も増えており、これらは株主総会等も経ておりますので、逆説的になりますが、少なくとも株主からも指摘される戦略、また株価が下がる（企業価値が低下する）取り組みとはなっていないようです。元気で生き生きとした社員が増えることは、株主の多くも、感覚的に企業価値向上に好影響を与えていると理解している、と推察されます。

■健康経営の最新のエビデンス

2023年3月に、2018～2023年まで健康経営銘柄に選定されていたオムロン株式会社が主幹事となり、健康経営アライアンス[105]が発足しました。設立目的は、「新しい健康経営の普及と健康保険組合の健全化を目指す」となり、健康保険等のデータを活用し、健康経営の取り組みを支援していくようです。

設立時の他の幹事会社は、味の素株式会社、SCSK株式会社、キリンホールディングス株式会社、株式会社島津製作所、株式会社JMDC、日本生命保険相互会社、株式会社三井住友銀行と、健康経営で先進的な取り組みを行っている銘柄企業が中心となります。9月には野村総合研究所が参加し、全部で9社が業界の垣根を超えて、生産性向上と企業の健康保険組合の財政難の解消を目指し取り組み始めています。会員費は無料等の条件もあり、同年12月には会員企業・団体数が300に到達し2024年2月末で350を超え、健康経営を普及する私設団体としては最大規模となりました。

具体的には、1.勉強会・セミナー、2.アンケート・データ分析に基づく健康経営アセスメント、3.健康経営ソリューションの情報プラットフォーム構築、に取り組み始めています。設立時には、「健診データ」の活用による健康経営の促進やPDCAとなり、参加企業からのデータ提供で分析を行っていく、つまり健診等のデータに基づく健康経営の促進となります。こちらは多くの企業では、健診データが活用できていないようで、ニーズが高いようです。

これは健康経営のデータを可視化し、エビデンスに昇華しています。また健康経営向けサービスや商品の開発も目指しており、健康経営に取り組んできた企業が行き着く先となりました。

過去の健康経営に関わる私設団体は、設立時に経済産業省等の関係者の支援を受け華々しく紹介されましたが、その後尻すぼみになり、消えていく事例もありました。設立趣旨の「新し

105　https://kenkokeiei-alliance.com/

い健康経営」の定義が紹介されていないため詳細は不明ですが、350以上の団体が参加している団体になり、一定の影響力を持ちましたので、形を変えつつも健診以外のデータも蓄積し、長く健康経営の普及に努めてもらうことが期待されています。

また新井研究室でも健康経営の実証が行われており、直近2年以内に論文化された研究成果を一冊の本にまとめる予定（2024年7月同友館より発刊予定）です。

そこでは第1章でカゴメ株式会社の管理栄養士でもある北田千晶氏が「野菜摂取量とワークパフォーマンス関連指標の研究」を紹介します。1日に必要な野菜量は350g以上といわれているなかで、推定野菜摂取量の見える化できるベジチェック®を活用し、野菜摂取量の多い層（野菜充足群）・少ない層で分類し、野菜摂取量とプレゼンティーイズムをはじめとする健康経営評価指標との関連を検討しました。結果、勤労女性において野菜充足群では、プレゼンティーイズムが有意に低く、勤労男性においては野菜充足群で、ヘルスリテラシー及び幸福度が有意に高い結果となりました。これらから野菜摂取がプレゼンティーイズムをはじめとした健康経営のパフォーマンス評価指標と関連していることが示唆されています。

第2章ではパーソルワークスデザイン株式会社の加藤大一朗氏が「『健康経営』は人材採用・職場定着に効くのか？」を紹介します。健康経営の期待される効果である「リクルート効果」との関係を、2022年以内に転職し正社員で就業している社会人1,000名の転職者向け就労アンケートの結果から、日本における働く目的、退職・転職理由等の実態を明らかにしています。結果、「転職に満足している者」は、「社会での貢献」を求め「労働時間の管理や適正化」を健康と捉え、「健康と多様な働き方ができる職場」を希望する傾向が明らかになりました。

第３章では、独立産業保健師の水越真代氏が「中小企業の健康経営推進：産業保健職の活用とその可能性」を紹介します。中小企業における健康経営の現状と課題、そして中小企業では活用される機会が少ない産業保健職の重要性を明らかにしています。産業保健職がいかにして従業員の健康管理や労働環境改善に貢献し、企業全体の生産性向上に繋がるかの具体的な事例を通じて、新たな気づきを提供します。中小企業経営者や健康経営に関心を持つ人々に、健康経営の可能性を再認識させるきっかけとなることでしょう。

第４章では昭和女子大学 OG で本プロジェクトに学生時代から参加している鈴木歩弥氏と昭和女子大学磯野彰彦先生が「産官学健康経営企業訪問プロジェクトへの参加とその効果等」を紹介します。後述表 23 のとおり、健康経営の顕彰制度が日本で始まった 2015 年から毎年大学生向けの産官学健康経営企業訪問プロジェクトと、それに伴う参加大学生のヘルスリテラシー教育の可能性について検証しました。このような大学横断的なプロジェクトは少なく、経済産業省他健康経営に取り組んでいる多くの企業の協力も得て進めてきました。訪問先は、経済産業省含め６年で計 44 箇所、参加大学生は延べ 90 人となりました。また健康経営と名がつく論文も６本、本も２冊発行できています。また参加学生のヘルスリテラシーの向上の可能性も示唆されます。健康経営訪問プロジェクトは 2020 年には新型コロナウイルスの影響により中止となりましたが、2021 年はオンライン、2022 年からリアル対面に戻し開催し、企業見学に留まることなく、多くの大学や大学生を巻き込みプロジェクトの効果を検証できました。

第5章では本書の著者である私、新井が、「地方自治体における健康経営の取り組み」を紹介します。「健康経営」に取り組む企業は年々増え、2024年度は主に大企業を中心に上場企業の1/3が取り組む経営戦略となっています。一方、中小企業部門は約1万7千社であり、令和3年に日本にある法人企業約178万社のうち1%弱と、大企業に比べると浸透は遅いといえるでしょう。そこで、2022年から全国の中小企業への健康経営の普及等を目指し、普及を推進している経済産業省は日本経済新聞社を補助事業先とし、地方自治体との連携を深めています。本章では、地方自治体である沖縄県と静岡県浜松市の取り組みを取材し紹介しています。具体的には、沖縄県では5者協定+内閣府の座組と普及推進とそれに伴うサービス紹介を、静岡県浜松市では浜松ウエルネスプロジェクトとして健康経営の普及とヘルスケアビジネス創出支援している事例が示されています。

いかがでしたでしょうか？ヘルスケアに関わる商品やサービスは、厚生労働省や経済産業省等からエビデンスを求められています。そこで新井研究室では、企業との共同研究も積極的に行っておりますので、健康経営に関わる商品やサービスがありましたら、お気軽にお声掛けください。

他の研究では、経済産業省が主催している有識者会議の健康投資ワーキンググループの座長を務めている産業医科大学の森晃爾先生が中心となって、2023年に『健康経営を科学する！―実践を成果につなげるエビデンス』（大修館書店）を発刊されています。また健康経営のパフォーマンス評価指標の一つであるプレゼンティーイズムを推計する、最も使われている「東大１公式」[106]の実証を行った埼玉県立大学の津野陽子先生、また同様の推計をするQQメゾットを活用した厚生労働科学研究成「産業保健活動の費用と労働生産性に影響を及ぼす疾病群との関係」産業医科大学の永田智久先生がいます。

また、健康経営のパフォーマンス指標のもう一つでもあるワーク・エンゲイジメント（測定方法等の詳細は後述）では、慶應義塾大学の島津明人先生は、2022年に『新版 ワーク・エンゲイジメント』（労働調査会）を発刊されています。

他に、経済面として株価パフォーマンスでは、慶應義塾大学の山本勲先生は、筆頭共著論文（2021）「健康経営銘柄と健康経営施策の効果分析」（独立行政法人経済産業研究所）のディスカッションペーパーにて、健康経営銘柄の表彰によって企業価値が高まる傾向や従業員の健康を明示的に経営理念に掲げて社内に浸透させるような施策を実施すると利益率にプラスの影響をもたらすこと、労働時間管理に関連する施策が非上場企業で利益率にプラスの影響を与えることを報告しています。

労働面やウェルビーイングの関係では、上智大学の森永雄太先生が2019年に『ウェルビーイング経営の考え方と進め方　健康経営の新展開』（労働新聞社）を発刊されています。また2022年に発刊された「人的資源管理と産業保健の連携の試み―その成果の設定と研究課題」（産業保健法学会）では、人的資源管理との関係性にも触れられています。

これらのように健康経営の効果や成果が、“健康”（公衆衛生や産業衛生）だけでなく“経営”でも多くの研究者に支えられ、幅広く研究が進められてきています。後述のとおり、大学でも

106　https://square.umin.ac.jp/hpm/hpmresult01.html

健康経営の科目が立ち上がっており、また著者も 2024 年 4 月から明治大学の生涯学習機関であるリバティーアカデミーにて「健康経営の始め方」と題し、5 回シリーズを ZOOM で開催いたします[107]。このように実学であった健康経営は大学等の学術の世界でも広まりをみせています。今後は更に多くの効果や成果が実証されることでしょう。楽しみにお待ちください。

■健康経営はすべての組織へ適応の第 2 ステージへ

2024 年度の健康経営優良法人では、当初想定していた企業と病院等だけでなく、12 自治体や公益財団法人も 20 者認定されています。また国や自治体の公社や研究所も認定されています。

表 4　自治体の認定状況

	大規模法人部門 ホワイト 500	大規模法人部門
自治体	苫小牧市役所 （北海道）	北見市役所（北海道）、上山市役所（山形県）、みどり市役所（群馬県）、鎌倉市役所、小田原市役所（神奈川県）、駒ヶ根市役所（長野県）、小牧市役所、大府市役所（愛知県）、牧方市役所（大阪府）、田原本町役場（奈良県）、北広島町役場（広島県）

さてこれらの一部組織において、労働基準法から適用除外される組織があります。具体的には、農林・水産業、船員に従事する人などが該当します。また、国家公務員の一部も、労働基準法の適用から除外され、代わりに勤務時間法が原則適用されています。さらに、公立教員や市役所職員などの地方公務員は、地方公務員法の制約を受けるため、労働基準法の一部から除外

107　明治大学申し込み：https://academy.meiji.jp/course/detail/6935

されます。つまり、健康経営度調査の項目には、法律的な裏付けがない場合があるということです。ちなみに公務員が労働環境改善や労働問題で悩んだ場合は、国家公務員は主に人事院に、地方公務員は一部を除き労働基準監督署に相談します。

では、なぜこれらの組織も健康経営に取り組んでいるかと推察すると、これらの組織も企業や医療機関と同様の職員等のメンタル不調等の健康上の課題が発生し、離職率が年々高まったり、リクルートで人が集まりにくくなったりしているからです。

私は、国家公務員の人事管理等を行っている人事院から「国家公務員の健康管理検討にあたっての民間実態調査」への有識者として参加依頼をいただき本年度から参加していますが、国家公務員の健康経営の可能性も探られています。国家公務員は、令和元年で58.5万人おられます。つまり近い将来これらのすべての人を対象に健康経営が行われる可能性があるということです。そして数年以内に推奨される健康経営の取り組み事例が示されるものと予測します。

そして今後、地方公務員274万人も対象となることでしょう。地方公務員には、警察や消防、小学校等の教員等まで広がっていくことでしょう。このように、健康経営は従来、企業または医療機関等が対象でしたが、日本におけるすべての組織において適用できるものと、概念が拡張されていっています。さらに沖縄県では、陸上自衛隊第15旅団が健康経営宣言[108]をしています。

注意点としては、現在、経済産業省が示している健康経営度調査とは、根拠となる法律等が違うため、別の健康経営の項目

108　https://www.kyoukaikenpo.or.jp/~/media/files/okinawa-281222kenkousengen/file/20230331sengenjigyousyo.pd

図７　健康経営とは

● 健康経営とは、従業員の健康保持・増進の取組が、将来的に収益性等を高める投資であるとの考えの下、健康管理を経営的視点から考え、戦略的に実践すること。

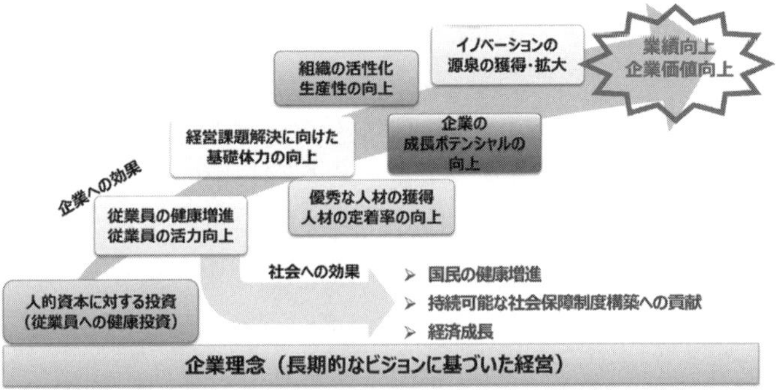

が示されることになるかと思われます。つまりダブルスタンダードになる可能性があるということです。そうだとしても、健康経営が企業に限らず日本のすべての組織に適用される時代が近づいているということです。すでの前表４の市役所や都道府県レベルでも（過去には宮崎県が認定）取り組んでいる自治体が増えています。まだの組織は、遅れずに今からでも本書を読んで健康経営を始めましょう。すでに取り組んでいる組織は本書を活用し更にレベルUPしていきましょう。

第2章

健康経営の期待される効果

第１節　海外との比較

■日本での効果

健康経営は、『The Healthy Company』[109]の中で概念が提示され、日本には、元大阪ガスの産業医岡田邦夫氏が持ち込んだといわれています。概念は大変素晴らしいのですが、そのまま日本で行うのは得策ではないとも考えています。理由は日本における健康保険制度の違いや企業が持っている文化やアイデンティティから、また日本的経営等の歴史と合っていないため、難しいと考えているからです。

これは他のビジネスモデルでも同様に考えられます。ただ海外から日本に持ち込んで、適応させる例もあります。それはソフトバンク創業者で日本を代表する資産家の孫正義氏が指摘した、海外の事例が５～10年遅れで日本でも流行るという「タイムマシン経営」があります。健康経営では、経済産業省が参照している海外の事例で、Johnson&Johnsonの事例（投資リターン２～３倍）[110]があります。

ではここで、2020年まで調べてきた結果から日本でも同様に効果があるのかという点に関して３点説明していきます。まず一つ目として、日本は海外と比べて健康投資額が少なくて済むということがわかりました[111]。Johnson&Johnsonの事例で

109　ロバート・H.ローゼン（著），宗像 恒次（翻訳），産能大学メンタル・マネジメント研究会（翻訳）：『ヘルシーカンパニー――人的資源の活用とストレス管理』、産業能率大学出版部（1994）

110　ロバート・ケーラム，千葉 香代子：儲かる「健康経営」最前線，ニューズウィーク日本版，pp. 48-53，2011-03-02

は、健康投資には、「人件費」、「保健指導利用費、システム開発・運営費」、「設備費」が挙げられていますが、日本では、法律に従って産業保健活動に取り組んでいれば、追加の費用がかからないことがわかりました。すでに、産業保健スタッフは充足しており、保険組合等でシステム等も導入してあるからでした。まれに、健康経営の取り組みをさらに推進するために保健師等を増員する事例も聞きました。

もちろんこれらは企業が、法律に則ってしっかりと産業保健活動や健康保険制度の運営に取り組んでいることが前提となります。

二つ目に、健康経営に取り組めば医療費が短期的に膨らむことがわかりました。Johnson&Johnsonの事例では、医療費を下げることが期待されると紹介されています。しかし日本では“短期的に”同様の効果は得られませんでした。理由は、日本は健康診断100%が法律で定められていますが、健康経営に取り組んでいる多くの企業でさえ、100%の達成に向けてのインセンティブが少なくて、ある程度やっていればよいというのが企業の従来の考え方だったからです。

しかし、健康経営の顕彰制度においては、健康診断受診率100%が必須項目に位置づけられているため、これに応募するため行うことになります。その結果病気が見つかるケースが多々あり医療費が上昇したのです。そもそも健康診断を受けていないのは、有病の確率が高い人が多いと考えられています。病気がわかると保健指導等が行われて、行動制限や昇進がしに

111　新井 卓二，上西 啓介，玄場 公規：「健康経営」の投資対効果の分析、応用薬理 96(5/6) 77-84 2019年8月

くい等のマイナスのイメージがあり健康診断を受けていないケースがありました。これらの有病の人材が、健康経営によってあぶり出されたというのが実状です。

これに伴い三つ目に起きたのが休業率の上昇です。病気が見つかって治療に入り休業するケースが多くあったからです。

ただし、これらは健康診断が持つ大きな目的の一つです。健康診断の目的は、早めに病気を見つけて治療することにより、突然死や大病の治療に入るより手前で、短期的な治療やリハビリ等によって回復し、両立支援等によって働き続けられることです。

そういう意味では、健康経営は健康診断制度を補う仕組みとして位置づけることもできます。また健康診断制度全体は、日本国民全員が対象となる制度のため、健康診断を補助する制度である健康経営は、日本全体の国民健康を側面支援しているとも考えられます。このような考え方を活用し健康診断受診率を向上しようとする地方自治体の動きもあり、こちらは第4章において紹介します。

さらに医療費の増加と離職率の低下に反相関の関係があることもわかりました。前述のとおり、健康経営では、健康診断受診率100％が条件のため、多くの企業で有病の人材が見つかり医療費が上昇します。しかしその後に復職し離職率が低下すると考えられたからです。これも、健康診断制度の目的の一つで、有病による突然の退職が予防できることにより、身体やメンタル要因での退職が減ることが想定できます。ロジックは下記のようになります。

健康経営 → 医療費上昇 → 休業率上昇 → 離職率低下

ここで今までにわかってきた健康経営の効果について表５に紹介します。

表５　期待される効果と集める項目

期待される効果	短　期	中　期	長　期
イメージアップ	**メディア掲載数とその広告換算額**	**株価**	**ブランドロイヤリティー**
リクルート効果	**内定者アンケート**	**内定辞退率、ターゲット校採用数**	**応募者１人当たり採用コスト、応募倍率**
モチベーションアップ	**モチベーション（従業員ロイヤリティー・満足度）**	**ワークエンゲージメント、心理的安全性**	**ヘルシーカルチャー、イノベーション**
生産性の向上	欠勤率やアブセンティーイズム	**離職率**	プレゼンティーイズム
医療費の削減	総合健康リスク度	高ストレス者数	１人当たり医療費
その他	**会話数＆話題数** ヘルスリテラシー	イベント参加率や満足度	**信頼度**

※筆者作成

表の見方は、最左列は、健康経営の期待される効果となり、Johnson&Johnsonの事例を参照しています。その他の項目は日本独自の効果として追加しています。上段２項目（イメージアップ、リクルート効果）が外部効果（社外への影響等）、以下の４項目が内部効果（社内への影響）を表しています。その他、**太字**が主に経営に関わる指標です。さらにその効果を測定するための項目と、横軸として短期、中期、長期として設定しています。

詳細は次節以降で詳しく紹介しますが、効果についてすでに多くが得られることがわかってきています。また具体的な項目、例えば離職率の改善やイメージアップも解明されています。

■日本での特徴

次に日本における健康経営の特徴を3点紹介します。

健康経営において一番最初に効果を発揮するのは、ブランドイメージです。これには広報IRの力が必要です。具体的には戦略広報[112]という考え方が必要になります。戦略広報とは、「商品サービスの開発時期から広報的要素をそれらに組み込むことで宣伝告知効果を高め、顧客の認知や期待、そして信頼を最大化させる新たなPR戦略である」と定義されています。つまり、広報を戦略の座組の中に入れるということです。

健康経営ですと、例年どおりであれば、①3月前後に顕彰制度の結果発表&日本経済新聞やAction健康経営等のホームページでランキング発表、②10月前後に健康経営度調査の提出、③12月前後にフィードバックシートの連絡、等が考えられます。ここでは、①、②がプレスリリースをだすタイミング（機会）になります。

例えば、①であれば「健康経営銘柄やホワイト500に認定されました」や「日本で○位になりました」、②であれば「こんな取り組みをやっています」等です。もちろんこれ以外にも、施策実施や結果を得られたタイミングで、プレスリリース等をだすのがよいでしょう。これらの効果の詳細は、後述の第3節の戦略広報による外的効果で紹介しますが、リクルート効果を

112　井上 岳久：『広報・PRの実務　組織づくり、計画立案から戦略実行まで』，日本能率協会マネジメントセンター（2017）

得るためにもMUSTの戦略になります。しかし、この戦略広報という考え方自体は、なにも健康経営に限ったことではなく、どんな経営戦略にも当てはまりますし、効果を最大化するためにも必要な考え方です。

二つ目は、医療費の増加と離職率が反相関の関係にあるということです。こちらの因果関係は証明されていませんが、前述のとおりストーリー的には、健康経営→健康診断受診率100％→病気が見つかる→治療に入り休業率が上昇→復職し結果離職率が下がる、というロジックが成り立ちます。

これは株式会社富士通ゼネラルの健康経営推進担当責任者の佐藤光弘氏に聞き確認した際、説明された実感とデータでもあります[113]。またこれは前述の通り、健康診断の一つの大きな目的の効果であるため正しい効果が期待できているということであり、長期的な日本社会全体の医療費の削減にも貢献していることになります。

三つ目は、ヘルスリテラシーやウェルビーイング指標の１つであるワークエンゲージメント[114]、心理的安全性が高まる点です。これは海外の先行研究にはなく、また経済産業省も当初想定していなかった副産物です。

しかし、よくよく考えれば至極当然の結果でもあります。健康経営に取り組んだ結果、「健康の問題を抱えつつも仕事（業務）を行っている状態」のプレゼンティーイズムや「仕事を休

113　Takuji Arai, Keisuke Uenishi, Kiminori Gemba、Analysis of the Internal Effects of Health and Productivity Management in Japan、Forum Scientiae Oeconomia 8(2020)(1) 17-28 2020年3月

114　島津 明人：『ワーク・エンゲイジメント　ポジティブ・メンタルヘルスで活力のある毎日を』，労働調査会（2014）

業している状態」のアブセンティーイズム等が減少し、社員はいきいきと元気になり、仕事へのモチベーションもアップし会社へのロイヤリティーも上昇、個人の幸福度の高まるというのは想像できる範囲といえます。

■日本的経営と健康経営

健康経営が流行っている理由は、前著『経営戦略としての「健康経営」』[115]で詳しく紹介していますが、ここで簡単に紹介すると、①人口動態等の社会的構造、②働き方に対する社会文化の変化、③企業側の対応の変化、が挙げられます。その後健康経営は、補助金や助成金の制度がないにもかかわらず、順調に参加企業も増え、日本社会に受け入れられているように見受けられました。

もちろん経済産業省や微力ながら私も講演や本等で普及に努めていますが、これだけでは説明が不足しているように感じられました。そこで健康経営が流行っている理由をもう一つ挙げるなら、日本的経営と健康経営の相性の良さ、つまり従来の日本的経営の延長線上にある健康経営が取り組みやすい戦略であるということが考えられるのです。

日本的経営については、1960年頃からさまざまなメディアで言われてきました。当時の日本的経営の、終身雇用、年功序列等のシステムのほかに、社訓の唱和、朝礼、ラジオ体操等の慣行が、日本的経営の特徴として関心を集め、「Japan as No. 1」は世界的に有名な言葉になりました。

115　新井 卓二，玄場 公規：『経営戦略としての「健康経営」 従業員の健康は企業の収益向上につながる！』，合同フォレスト（2019）

読者の中で、上掲例を見た瞬間「あっ！」と気づいた方がいたら、健康経営の運動の項目に、自社オリジナルの体操を企画または実施したことがある人でしょう。そうです！古くは安全衛生対策のため、多くの日本企業が、出社時の朝等にみんなで体操をしてきたのです。そして一番多く使われていたのが、国民運動のラジオ体操になります。最近の例では、ラジオ体操を健康経営の文脈で使おうと、丸の内ラジオ体操[116]等が挙げられます。こちらは、東京・丸の内エリアに勤務している人であれば、お昼にだれでも参加できる取り組みとなっています。

つまり従来のラジオ体操は、安全衛生の文脈でしたが、現在はPC等に向かい座りすぎからのメンタルや身体被害の予防と健康増進の文脈に変わりました。しかし、取り組んでいる内容は体操ということで、ほとんど変わっていないのです。また社訓を唱和する企業は少なくなったと思いますが、朝礼は、現代のオンライン上での最初のコミュニケーションとして、また雑談として形を変えて残っているように思います。

このように従来の日本的経営と健康経営の推進は色が合い相性が良い、というよりもそもそも日本的経営の従業員重視の姿勢が健康経営の要素を含んでいた、と考えることができるのです。

もう一つ、京都における企業文化を紹介します。京都は、世界を代表する企業、日本電産や京セラ、オムロン、島津製作所、堀場製作所、ワコール等多数集積していることで有名です。また経営手法でいえば、日本電産株式会社のM&A戦略[117]や京

116　https://www.marunouchi.com/event/detail/29447/

セラ株式会社のアメーバ経営[118]などが有名で、企業の多くは独自の戦略や文化を持ち、また基礎技術をもとに競争優位を持ち、サステナビリティという言葉が広まる前から長期戦略を重んじ、伝統と革新で歴史を紡いでいるのが特徴です。

そして健康経営銘柄に選定されている島津製作所や過去に選定された堀場製作所、ワコール、オムロンなど健康経営の取り組みで有名な企業も多数存在しています。なぜ京都の企業が多いのかと考えると、健康経営が日本で順調に拡大した理由が見つかったように思います。

私たちが、後掲表22の健康経営訪問プロジェクトで、2019年に訪問した株式会社堀場製作所[119]は、「おもしろおかしく」というユニークな社是があり、人間本位の経営を掲げている健康経営銘柄企業であり、社員は“ホリバリアン”といわれ、また社歌を歌っていると聞いて驚いた記憶があります。ある意味宗教的であり、外国人には適応が難しいかと思いましたが、堀場製作所の従業員の半数以上が外国人と聞いてさらに驚きました。また堀場製作所では、先代の社長が仕事に効率的に取り組むために、工場の近くに住居を置く職住融合という発想を持っていました。さらに仕事の時間は一生懸命取り組み、私生活では仕事から離れてしっかり遊ぶという信念があり、週4日勤務で残り3日休暇という制度も、すでに30年以上前から考えており、当時の労働基準監督署が認めてくれず、かなわなかったという話も担当者からお聞きしました。また働きすぎも排除し

117　永守 重信：『成しとげる力』，サンマーク出版（2021）

118　稲盛 和夫：『アメーバ経営　ひとりひとりの社員が主役』，日本経済新聞出版社（2006）

119　堀場 雅夫：『おもしろおかしく　人間本位の経営』，日経BP（2014）

ており、健康についても社長は考えていました。

そして一番記憶に残っているのが、「堀場製作所の戦略や企業文化を強化してきたら、たまたま健康経営が合ったのです」と担当者から聞いたことでした。つまり、健康経営を意識しているわけではなく、独自の戦略や従業員を家族のように大切にする企業文化がそもそもあったということです。このように京都では、独自の戦略や従業員重視という企業文化を持っている会社が多数あり、日本的経営が発展してグローバル企業になったとも考えられます。

その他、日本では中小企業ほど、明文化されていないだけで仲間や健康を大切にしてきました。そうしないと企業が回らないという事情も含め、社員は大事に扱われ、時に家族のように扱われ、そのおかげで企業の永続性やサステナビリティが高まり、老舗企業が日本には多い一つの理由ともいわれています[120]。

健康経営の概念は、前述のとおり海外の事例を参考に日本に持ち込まれました。日本には海外のマネジメントシステムを持ち込むと、「外資系は進んでいる、米国企業に学べ」とばかりに、素晴らしいと受け入れる文化があるようです。また日本的経営の問題点も過去から指摘されているようにあります[121]ので、最初はそれでよかったかと思います。今でいえばDXや両利きの経営[122]等も該当するかと思います。

120　大友 純・河内 俊樹：『ビジネスのためのマーケティング戦略論　企業の永続化を目指す実践的考え方』，同文舘出版（2020）

121　https://www.jstage.jst.go.jp/article/jmr1988/11/1/11_1_51/_pdf/-char/ja

122　チャールズ・A. オライリー（著），マイケル・L. タッシュマン（著），入山 章栄（監訳），冨山 和彦（解説），渡部 典子（翻訳）：『両利きの経営　「二兎を追う」戦略が未来を切り拓く』、東洋経済新報社（2019）

しかし、日本的経営がたどってきた経路を無視した新たな経営モデルを提唱しても、それは繋がりがなく日本企業に受け入れ難いものでしかありません。日本企業が受け入れられる新たな経営モデルは、過去の経緯と反省のうえに立ち未来へと導いてくれるものでなければならないと考えられます。それは他国のモデルの真似ではなく、日本的経営の要素を兼ね備えたモデルが必要です。このように考えると、社員を大切にする健康経営は、日本的経営との相性が良く、現在は日本流になっており、海外の流儀にへつらわず、それらを咀嚼したうえで独自の流儀に発展した、新日本的経営であるといえるのではないでしょうか。

第２節　効果の測定方法

■外的効果の測定方法（広報 IR ／人事採用）

本節では、健康投資に対しリターンを推計するための効果として、前掲表5で示した期待される効果の測定方法について、具体的に紹介します。

これらを毎年、効果測定していくと健康経営の多岐にわたる効果が見える化され、実感できることでしょう。その後、効果をアウトプットしてKPIを設定し、蓄積状況や投資対効果を定点観測できる仕組みを構築していく必要がでてきます。また外的効果が一番簡単に測定でき早く現れる効果となります。

そこで外的効果である「イメージアップ」と「リクルート効果」を紹介します。イメージアップの測定方法は次のとおりです。

表6　イメージアップを測定する方法

短　期	中　期	長　期
メディア掲載数とその広告換算額	株価	ブランドロイヤリティー

担当は広報IR部になります。メディアに掲載され紹介された媒体と、そこで広告を出稿したと仮定した際の広告宣伝費を推計します。例えば、日本経済新聞朝刊一面に取り組みが紹介されたのが５段分だった場合は、朝刊一面における５段分の広告掲載額が得られたと仮定して推計します。こちらは、企業において、広告代理店を利用しているようであれば、代理店にお願いすれば、推計してくれることでしょう。

特に効果が大きいのがTVだと思います。テレビ東京系列の日経スペシャル「ガイアの夜明け」[123]等で取材紹介されれば、それだけで億単位の広告効果が見込まれることでしょう。その際、気をつける点は、企業においてはさまざまな戦略を実施していますので、「健康経営」というワードがでてきた媒体だけを抽出することです。

これで、少なくとも「健康経営」に関わるメディアがわかります。また広告換算は、広報IR部にとってもメリットがあります。自社の広報IRの取り組みが見える化されますので、社内で広報IRの効果を説明できるエビデンスにもなり得るからです。

株価の測定ですが、自社の株価と比較する対象は、日本を代表する株価指数である日経平均株価225や東京証券取引所第一部上場株式銘柄を対象としている株価指数である東証株価指数

123　https://www.tv-tokyo.co.jp/gaia/

（TOPIX）、業種別株価指数が挙げられます。また取り組み始めた時期から現在までの比較でもよいですが、年度（決算月）または年次（1月～12月）において、それぞれ勝ち負けで判定する方法もあります。いろいろと分析してみてください。

ブランドロイヤリティーについては、さまざまなブランドサーベイがあり、公表されていますが、無料でかつ多くの企業を対象にしているところでは、株式会社日経リサーチが実施している「ブランド戦略サーベイ」[124]が挙げられます。こちらは600社と対象企業が多く、かつ無料で公表されているので使い勝手がよいでしょう。ほかにコーポレートブランド価値を推定している「CBバリュエーター」[125]もあります。もちろん自社でブランド調査を行っていれば、健康経営の取り組みと調査結果を比較し、分析してみてください。

次節の「戦略広報による外的効果」で詳細を説明しますが、広報IRには大きな力があり、社内にも影響を与えますので、外的効果の確認も含め広報IRはしっかりと取り込んでいきましょう。

イメージがアップすると、次に現れる効果が表7のリクルート効果になります。こちらの測定方法は次のようになります。

表7　リクルート効果を測定する方法

短　期	中　期	長　期
内定者アンケート	内定辞退率、ターゲット校採用数	応募者1人当たり採用コスト、応募倍率

124　https://www.nikkei-r.co.jp/service/branding/co-brand/ranking.html
125　伊藤　邦雄：『企業事例に学ぶ　実践・コーポレートブランド経営』，日本経済新聞出版社（2002）

担当は人事部採用担当になります。まず転職者を含む内定者にアンケートをとるとよいでしょう。その際、なぜ弊社を選んだのかチェック項目や記述式で回答してもらいましょう。その際、上位３項目等で回答いただければ、健康経営は３位以内に入るはずです。

次に、内定辞退率を追っていきましょう。健康経営に取り組んでいる企業の多くは、内定辞退率にも影響を与えています。「オヤカク」という言葉をご存じでしょうか？　これは、「大学生の親に内定先企業が連絡して確認し、OKをもらう」ことです。つまり、内定辞退率は、オヤカクの影響を受けるのです。

では、親は子供の就職先企業にどんな期待をするのでしょうか？　経済産業省の資料によると、第１位は「従業員の健康や働き方に配慮している」[126]となっています。参考までに第２位は「雇用が安定している」です。これは学生の見方とは少し違いますが、親の立場からみれば、子供の健康を願わずにはいられません。では、親が就職先企業のどこをみるかというと、当然ホームページになります。そのホームページにおいて、健康診断受診率等の開示で健康経営に取り組んでいますよと謳っていることは、親からみても安心して子供を預けられる先との印象を与えることでしょう。ぜひ、詳細に開示してください。

またホームページの開示にあたっては、当然株主もチェックしますので、「親」と「株主」からの視点も反映して健康経営の取り組みを紹介するとよいでしょう。

さらにターゲット採用校があれば、その比率も測定するとよ

126　https://www.meti.go.jp/policy/mono_info_service/healthcare/downloadfiles/2018setsumeikai_meti.pdf

いでしょう。特に工学系の大学や大学院では、今でも教授等の指導教官の影響が強く残っています。そこで、健康経営に取り組んだ結果、教授から毎年推薦で学生が来るようになったケースがありました。つまり、教授が当該企業の社会的評判やホームページを見て、自分の教え子を送り込んでも、元気に長く活躍してくれそうな良い企業と判断したということになります。しっかりと把握していきましょう。

1人当たり採用コストも計ってほしい項目となります。ただ社会の好不況の影響や求人倍率等の影響を多分に受けますので、一概に単年での比較はできませんが、応募倍率も含めて測定すると好ましい結果が得られるケースがあるようです。

特に業界が24時間営業や勤務時間が不規則な業界、例えば大病院やホテル、メディア、コンビニエンスストア等であるほど健康経営は競争優位を持てると考えます。有名なところだとファミリーレストランのロイヤルホストの事例があります。こちらは外食産業で、最初に健康経営優良法人ホワイト500を取得し、翌年大学生の応募倍率が倍になったそうです。これは業界が、24時間体制に近く、労働時間が長いことが想定されます。

当然、外食産業で長く働きたい学生たちからみれば、働き方改革と一緒に健康経営を推進しているロイヤルホストは、垂涎の的になったのは想像に難くありません。

リクルート効果は、特に中小企業においては、大企業から比べて有効倍率[127]からみても重要な効果です。ぜひしっかりと獲得していきましょう。

---

127 https://www.chusho.meti.go.jp/pamflet/hakusyo/2021/shokibo/b1_1_3.html

■内的効果の測定方法（経営企画／人事／保険組合／そのほか）

ここでは企業内への期待できる効果として、モチベーションアップ、生産性の向上、医療費の削減の３点紹介します。

まずはモチベーションアップの効果についてです。

表8　モチベーションアップ

短　期	中　期	長　期
モチベーション（従業員ロイヤリティー・満足度）	ワークエンゲージメント、心理的安全性	ヘルシーカルチャー、イノベーション

担当は人事部や経営企画部等になります。モチベーションとして、会社ロイヤリティーや従業員満足度（ES）の測定が挙げられます。こちらには、多様なサーベイがありますが、無料ですと、新職業性ストレス簡易調査票（80項目版）[128]があげられます。こちらは、受検時間は10分程度と長くなりますが、ストレスチェック制度の対象となる簡易調査票57項目版に23項目が追加され、ロイヤリティーや信頼度、ワークエンゲージメントも測れますので、おススメできます。

ただ調査票の開発元である東京大学の健康いきいき職場づくりフォーラム[129]では、無償での技術的サポートは提供していませんので、集団分析を自社で行う必要性があります。

次にワークエンゲージメントは、2022年度の健康経営度調査より、測定可否や方法について聞かれる項目が新設（Q69）されましたのでご存知の方も多いと思いますが、ワークエン

128　https://mental.m.u-tokyo.ac.jp/jstress/NBJSQ/4-1新職業性ストレス簡易調査票_推奨尺度標準版.doc

129　https://mental.m.u-tokyo.ac.jp/jstress/

ゲージメントとは前述の通り「仕事に積極的に向かい活力を得ている状態を評価」と定義されており、最近ではWell-beingの測定指数の一つとも捉えられています[130]。

ワークエンゲージメントを測るサーベイもたくさんありますが、自社の分析に使うだけなら経済産業省の公表資料にも名前が挙げられていたサーベイの中で一番多く、かつ学術的エビデンスの多いユトレヒト・ワーク・エンゲイジメント尺度をお勧めします。日本語版（3問）は、慶應義塾大学の島津明人研究室で無料で公表されています[131]のでご覧ください。つまり健康経営度調査に対応することでWell-beingも測ることができるということです。

もう一つが心理的安全性です。心理的安全性とは、「他のメンバーが自分が発言することを恥じたり、拒絶したり、罰を与えるようなことをしないという確信を持っている状態であり、チームは対人リスクをとるのに安全な場所であるとの信念がメンバー間で共有された状態」と定義されています。また心理的安全性が高まった結果、イノベーションが起こる可能性が高まったという事例[132]や論文[133]は多く存在します。詳細は後述第4節で紹介しますが、こちらも5項目を取得してみてください。

130　森永 雄太：『ウェルビーイング経営の考え方と進め方　健康経営の新展開』, 労働新聞社（2019）

131　https://hp3.jp/tool/uwes

132　What Google Learned From Its Quest to Build the Perfect Team, The New York Times

133　Edmondson, a, c, & Lei, 2. Z, (2014) Psychological Safety: The History, Renaissance, and Future of an Interpersonal Construct. Annual Review of Organizational Psychology and Organizational Behavior. Vol. 1: 23-43 (Volume publication date March 2014)

ヘルシーカルチャー（Culture of health）は、企業内のスポーツイベントへの参加率や職場でのストレスに対し、有意な関連がみられています[134]。つまりイベントへの参加率等で測定できるとも考えられます。さらにイノベーションの測定は、具体的には会議でのアイデア数で計る等も考えられますが、イノベーション自体測定に時間がかかるといわれています。よって、時間が経った後世に「あれってイノベーションだったよね」と判断されることも多いので、科学的エビデンスを持つ指標で、今回であれば心理的安全性で測ってみてはいかがでしょうか。

二点目の生産性の向上については次のとおりです。

表９　生産性の向上

短　期	中　期	長　期
欠勤率やアブセンティーイズム	離職率	プレゼンテンティーイズム

担当は人事部と産業保健スタッフ、健康保険組合となります。まず離職率は人事部が測定しているケースが多いようです。アブセンティーイズムや欠勤率も人事データから推計可能です。身体やメンタル要因による退職等の数値も、現在の健康経営度調査で測定することが求められています。こちらは産業保健スタッフと人事部のデータの掛け合わせで求められます。既にデータがある場合は産業保健スタッフが持っていることが多いように思われます。

134　Youngbum Kwon, PhD and Mary L. Marzec, PhD: Unpacking the Associations Between Perceived Cultural Support and Employee Health The Approach of Social Capital, 2019

プレゼンティーイズムは、2021年度から経済産業省の健康経営度調査に計算式等が新たに開示された項目の一つです。WHOの3項目の英語バージョン（WHO-HPQプレゼンティーイズム）[135]が、例として開示されました。ただ前出の経済産業省の公表資料によると、項目として一番使っていたのは東大1項目版プレゼンティーイズム[136]となりました。やはりこれは測定項目が少ないほうが、回答者にとって負担が少なく、また健康経営推進担当者にとっても推計しやすい等の理由から広く使われたようです。

質問は、「病気やけがのないときに発揮できる仕事の出来を100%として、過去4週間の自身の仕事を評価してください。［　］%（1%から100%）」となっており、主観的評価となります。よって継続して同じ対象者に、また毎年決まった時期に取得しないとバラつきが大きくなり、効果の推計期待値の信憑性が問われることでしょう。この辺りは気をつけて金額を開示することが肝要です。ほかに、QQ method[137]等エビデンスが高いサーベイもあります。積極的に測定していきましょう。

計算式として、改善した際の金額の見える化（効果／期待値）について問い合わせを受けるのですが、プレゼンティーイズムでは、まず経済的損失額を推計します。例えば、平均欠勤率と総人件費を掛ければ経済的損失額が計算できます。また総人件費に対し改善率を掛ければ効果が推計できる仕組みです。具体的には、100に対し80等の平均数値がでてきますので、こち

135　https://www.hcp.med.harvard.edu/hpq/ftpdir/absenteeism%20presenteeism%20scoring%20050107.pdf

136　http://square.umin.ac.jp/hpm/hpmmethod.html

137　https://www.uoeh-u.ac.jp/kouza/kaneki/wfun/

らに総人件費の80%を掛けて経済的損失額を、その後総人件費に対し改善率を掛ければ効果が推計できます。離職率は、1人当たり採用コストを算出すれば、改善した%と掛け合わせて期待値が計算できます。

何度も述べますが、プレゼンティーイズムは主観的評価ですので、直前の業務量や上司等の人間関係に大きく影響を受けます。参考程度と思って推計してください。

三点目の医療費削減は次のとおりです。

表10　医療費の削減

短　期	中　期	長　期
総合健康リスク度	高ストレス者数	1人当たり医療費

担当は産業医等の産業保健スタッフと健康保険組合になります。総合健康リスク度は、ストレスチェック制度に則って、職場分析をしていればすでにデータとして有り、職場の負担感が従業員の健康にどのくらい影響があるのかを指す指標となります。100を基に算出され、100を超えれば、例えば118であれば、「従業員の健康への悪影響が平均より18%増しになる」と予想したことになります。

そこで職場ごとの総合健康リスクが現在よりも低下するよう、職場の健康やストレスの管理・改善が望まれます[138]。総合健康リスク度は健康経営における健康面の大事な評価指数になります。数値の低下目標は100以下を目指していきましょう。

高ストレス者数は、人事部も知っていますが、主に産業保健

138　https://kokoro.mhlw.go.jp/manual/

スタッフと健康保険組合が個人も含めデータを把握しています。現在は労働基準監督署長への報告はありますが、対象者が増えたからといって指導が入るわけではありません。しかし、2015年から始まったストレスチェック制度はどこかのタイミングで、目的を、高ストレス者数の把握から減少に変更されることが予想されます。問題になりがちな高ストレス者でありながら医師との面談を希望しない層に対しても、健康経営でなんらかのメンタルに即した対応が必要になってくることでしょう。

そして一番効果として現れづらいのが1人当たり医療費となります。これは高齢になればなるほど受療率は上昇し、その結果として医療費は増大してくるからです[139]。ご存じのとおり日本の人口構成は逆ピラミッド型になっており、当然企業に入社してくる20代の若者は減り続け、従業員の平均年齢は上昇傾向となります。これにともなって、医療費も増加傾向となります。健康経営では、国の医療費の増加率や業界の増加率と比較し低い数値または横ばいを目指すところとなります。

たまに健康経営で医療費削減を掲げている企業を見受けますが、現時点では前節で紹介したとおり、健康経営を取り組むと医療費が増加する傾向があります。ただし、第3節で詳細を紹介しますが、長期的には削減の可能性もみえてきましたので、期待して取り組んでいきましょう。

そこで推計ですが、健康問題の支出額、つまり企業の医療費全体の10年程度の平均を基準とすることが考えられます。医療費は、年ごとのばらつきが大きいため、平均や上昇トレンド

139 https://www.mhlw.go.jp/wp/hakusyo/kousei/07/dl/0103.pdf

を加味したうえで、例えば118→100（約85%）になったら、医療費全体の平均から、15%を掛けた金額を、改善額として推計できます。

高ストレス者数は、メンタル不調での医療費支出額のみを抽出し、高ストレス者数人数で割り、１人当たりメンタル医療費を推計し、改善率を掛け合わせると、推計できます。１人当たり医療費は、業界平均等と比べ○％低いと提示し、健康経営に取り組んでいなければ、業界平均数値の差の○％と１人当たり医療費を掛け合わせれば損失を防げた額、つまり効果として開示できるでしょう。こちらもぜひ推計していきましょう。

■想定していなかった効果の測定方法と波及図

ここでは、その他として、当初想定していなかった効果を紹介します。

表11　想定していなかった効果

短　期	中　期	長　期
会話数＆話題数 ヘルスリテラシー	イベント参加率や満足度	信頼度

健康経営に取り組むと、行動パターンとして、上司との会話数と働き方や健康に関する話題が増えるようです。健康経営には、働き方改革の側面もあり、残業時間の管理もまた健康経営度調査の項目に入っているからです。

さらに健康についても話題が上がります。歩数が多い少ない、イベントが良かった悪かった等、健康の話題はだれでも話しやすいですし、話のきっかけになりやすいようです。当然ながら、共通の話題があり、会話等のコミュニケーションが増えれば、モチベーションアップや離職率の低下等が見込まれます。アンケートで測れますので、ぜひ確認しましょう。

ここでは、これまでに何度もでてきたヘルスリテラシーの測定方法として国際的指標の Communicative and Critical Health Literacy（以降 CCHL）尺度[140]を紹介します。これは5問の5段階評価で測定します。ちなみにヘルスリテラシーは、2023年度の健康経営度調査では測定項目にはありません。

基本設問は、「あなたは、もし必要になったら、病気や健康に関連した情報を自分自身で探したり利用したりすることができると思いますか？」となり、1）新聞、本、テレビ、インターネットなど、いろいろな情報源から情報を集められる。2）たくさんの情報の中から、自分の求める情報を選び出せる。3）情報を理解し、人に伝えることができる。4）情報がどの程度信頼できるかを判断できる。5）情報をもとに健康改善のための計画や行動を決めることができる。となります。5段階評価で5を「強くそう思う」に設定すれば、得点が高いほどヘルスリテラシーが高いと判断されます。

健康経営に取り組んだ結果、ヘルスリテラシーが高まることがわかっています[141]。将来、健康経営度調査等において、測定が推奨される可能性がありますので、ぜひ積極的に測定していきましょう。

140　Ishikawa H., Nomura K., Sato M., Yano E. Developing a measure of communicative and critical health literacy; a pilot study of Japanese office workers. Health Promotion International 2008; 23(3): 269-274.

141　福田 洋：健康経営とヘルスリテラシー　特集・健康経営と予防医学、予防医学　第61号（2020：1）

次に、イベント参加率や満足度を測ってみます。ここで気をつける点は、参加者がターゲット対象になっているか、また特定の層に偏っていないかということです。詳細は後述第３章の介入方法で紹介しますが、とりあえず始めてしまう企業に多いのが、参加率や延べ参加人数と満足度を開示し効果があったことを宣伝＆報告してしまうことです。

何度も紹介しているとおり、健康経営は多様な効果を得ることができますので、現状分析から経営指標のKPIを設定（少なくともイベント参加率や満足度ではない、これらは因子の一つ）し、一部の人たち、そもそも健康である社員たちの取り組みにならないように配慮しましょう。ただ前項のヘルシーカルチャーのとおり、健康経営が組織に普及するほど、参加率は高まることがわかっていますので、数値の確認は必要です。

長期的には、信頼度が増えてくると考えられます。信頼度とは、ポール・J・ザックによると８つの要素「Ovation／オベーション」、「eXpectation／期待」、「Yield／委任」、「Transfer／委譲」、「Openness／オープン化」、「Caring／思いやり」、「Invest／投資」「Natural／自然体」の頭文字を取った「OXYTOCIN」因子があり、これらによって信頼度が形成されるといわれています[142]。

健康経営の導入支援を行っている中で、同じ業種で同じ規模なのに、うまくスタートできる企業と、最初でつまずいてしまう企業を見てきました。その際、企業文化やCulture of health、業種や業態、働き方等も影響を与えますが、そもそも従業員か

142　ポール・J・ザック（著）、白川部 君枝（翻訳）：『TRUST FACTOR　トラスト・ファクター　最強の組織をつくる新しいマネジメント』、キノブックス（2017）

ら企業への信頼度の高低が根本的に重要で、影響を与えていると考えられます。信頼度があれば、業績が高いだけでなく、モチベーションや幸福感、健康面では慢性ストレスの減少による病欠日数の減少、その結果離職率の低下や生産性の向上と多くの効果が期待できます。

また信頼度が高い組織は、会社が、新しい取り組みを始めてもすぐに対応できます。一方、信頼度が低い企業は、会社の取り組みを疑問視して、なかなか動かないようです。こう考えると、他の経営戦略や全社の取り組みの最初の成否は、そもそも信頼度に依拠しているように思われます。ぜひ健康経営で信頼度を高めて、いつでも前向きに動ける組織を目指していきましょう。

ただし、健康経営で信頼度が高まるというのはまだ仮説です。ただ、今までの研究から、十二分に可能性があると判断して、今回は紹介させていただきました。製品として売り出されておりますが、https://ofactor.com/ からご覧ください。16問、例えば「My leaders treat setbacks and mistakes I make as a valuable opportunity to learn and try something new」等を、6段階評価で判別しています。今後、信頼度を測ってくれる企業または研究者がおりましたら、ぜひご一緒したいので、お気軽にお声掛けください。

本節の最後に、健康経営の組織への普及図を紹介します。最下段の長期の網かけ部分はまだ健康経営の取り組み年限が短く検証されてはいません。しかし短期と中期まではわかってきた効果です。本節の説明と多少相違がありますが、イメージとして捉えてください。

次節では、健康経営の波及図からみえてきた特徴を紹介していきます。

図８　健康経営の組織への普及図

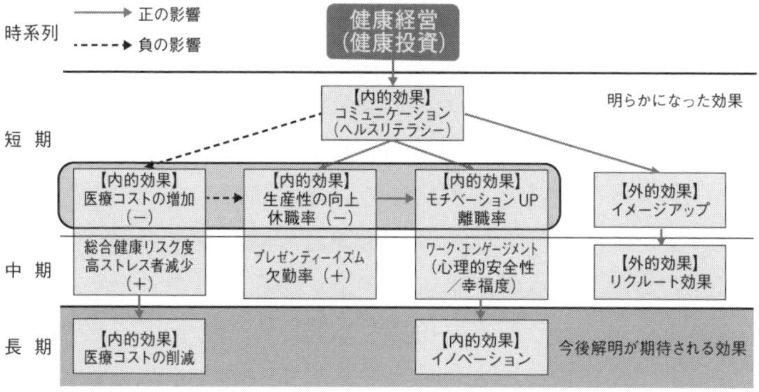

※筆者作成

第３節　健康経営の波及図

■戦略広報による外的効果

前節でも紹介したとおり、日本での健康経営の特徴にイメージアップがあり、リクルート効果と併せて、外的効果は健康投資に対し３～10倍の効果が見込まれることもわかっています。また中小企業においては、健康経営の効果として、イメージアップとリクルート効果が一番期待されるところでもあります。また、この効果は、健康経営度調査に載っている取り組みだけを行っているのでは得られないこともご紹介したとおりです。

再度ご紹介すると、戦略広報（商品サービスの開発時期から広報的要素をそれらに組み込むことで宣伝告知効果を高め、顧客の認知や期待、そして信頼を最大化させる新たなPR戦略である）という考え方が重要です。

本節で具体的に説明していきます。まず健康経営の取り組みメンバーや座組／クロスファンクションチームに広報IR部が入り、取り組みを常に外部に発信していくことです。

例えばホームページに載せる、165ページで紹介する健康白書を作成する、社員を大事にしている会社であると外部に伝えるためプレスリリースし、メディアから取材を受け媒体に紹介されることが考えられます。メディアから紹介されることにより、家族や知り合い、また地域から高い評判を得ることができます。その後、家族等を介し、従業員にも紹介されることにより、説得され納得してロイヤリティーが高まる効果も期待できます。これをブーメラン効果（企業→メディア→家族・地域→従業員）と呼んでいます。ポイントは家族を経由していることです。

働いている人の健康を一番心配しているのは、家族といわれています。独身であれば親であり、結婚等していればパートナーとなります。つまり、一番従業員本人の健康に関心を持っている人&心から心配している人からの評価、外部評価は得てして正しいものです。

もう一つ、そこで働いている社員は自社の取り組みについて他社との比較はあまり行わず、自社の健康経営の取り組みを低く評価する傾向があります。そして隣の芝生が青く見える現象に陥るのです。しかしメディアや家族を介して紹介されると、「自分が勤めている会社は、社会的にみて良い会社である」と再認識できます。ブーメラン効果の概念図は図9となります。

図９　広報IRのブーメラン効果

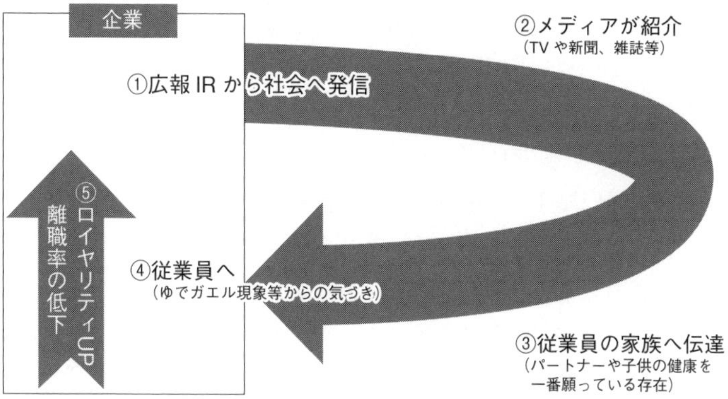

※筆者作成

気をつける点として、広報IR部は、メディアに取材される際、取り組みが実態以上に誇張されて紹介されることがないようコントロールする必要があることです。

メディアは、視聴者の目を引くため、新しい記事やNEWSにしたく切り口を鋭くするため、取り組み実態の誇張を促すケースがあります。それに対応すると、メディアを通して得た情報を知った従業員は、社内の実態との乖離を知り、会社への信頼度が下がるケースがあるからです。過去には、健康経営銘柄等に選定された後、社員等からの内部告発により、銘柄を返上したケースがありました。これでは本末転倒です。見せ方や切り口を工夫し目新しさをだすのはメディア掲載の要諦ですが、広報IR部としては、過大な表現や当然真実と違うことの発信は慎むべきです。

そして健康経営がうまくいっている企業は、決まって広報IRを巻き込んでいます。スポーツメーカーの株式会社アシックス[143]は、健康経営に限らず、働き方改革やダイバーシティの取り組みにも必ず広報・IR担当が参画していますし、不動産ディベロッパーの株式会社大京[144]は広報に健康経営専任担当を設けていました。

面白いところですと、SCSK株式会社では、過去に広報IRの副部長がD&I・Well-Being推進部担当部長に異動&昇進しており、コラボが図られていました。これらによってメディアに紹介される機会が増加しています。

以前アシックスの担当部長に広報IRの連携について伺ったところ、予算の事情がきっかけだったと聞きました。アシックスでの広報やマーケティングといえば、商品等を、スポーツ選手や芸能人を活用して積極的にアピールするのが常です。それに比べて、コーポレートの取り組みは予算が少ないため難しいとのことですが、これを聞いたとき、それでも予算が限られている中で、広報IRがしっかりと活動していると感心した次第です。裏を返せば、どの企業も広報IRを強化すれば、広い層にリーチできる可能性もあるということです。

これらは、リクルート効果へも直結しますし、もう一つの視点として、地域や株主からの評判を得るためにも重要です。広報IRからの発信は、地域からCSR（corporate social responsibility／企業の社会的責任）活動として後述第4章のとおりリターンを得られますし、統合報告書や有価証券報告書等として発信すれば、株主等から承認を得ることができ、結果高い株価を得られる可能性があります。

143 https://corp.asics.com/jp
144 https://www.daikyo.co.jp/

ブランドランキングを発表している株式会社インターブランドジャパン[145]によると、企業価値が高い企業はブランドの価値も高いという相関関係があるそうです。ロイヤルティー向上、リクルート効果、企業価値向上と、一石三鳥の施策になりますので、ぜひ積極的に広報IRにも参加いただきましょう。

■わかってきた内的効果

健康経営を始めたときに、うまく社内に浸透するかどうかは企業内における信頼度に依拠するというのは、前節で述べたとおりです。改めて信頼度とは、従業員が組織または経営陣に対し信頼している度合いのことを指します。信頼度が高ければ、健康経営を含めどのような経営戦略だとしても、浸透するのが早いと予想され、逆に信頼度が低ければ、浸透するのに時間がかかると考えられます。

信頼度が低くなる理由の一つに、会社や経営陣からのアナウンスの問題があります。朝令暮改等で過去何度もアナウンスに裏切られた経験をすると、信頼度は低くなると考えられます。また流行りのキーワード戦略に乗っかり組織を変え取り組んだのに、数年経つと何もキーワード戦略について触れない等の体験があると、従業員は、新しい戦略や取り組みに対し様子をみる姿勢が強まり、すぐに反応しなくなります。このような経験はどの会社でもある程度の頻度で起きるものです。よって上の年代になるにつれ反応が遅くなりがちです。詳細は、後述第3章の介入方法をご覧ください。

信頼度を理解した上で健康経営を始めるには、最初にこの取

145　https://www.interbrandjapan.com/ja/bjb/japan_brands/2021.html

り組みが本気であることをアナウンスする必要があります。これは、健康経営度調査の必須項目にあるようにトップが強い意思を示す必要があるからです。健康経営は、トップダウンで始まり、ボトムアップで完結します。言い換えると、組織と従業員が協創していく戦略になります。

そして効果として初めに現れるのは、図8の通りヘルスリテラシーやコミュニケーション等が高まることがわかってきました。従業員個人に絡むこれらの項目は企業内の効果なので内的効果と考えられます。

前節で説明したとおり、医療費に関しては短期的に膨らむ可能性があります。しかし高ストレス者や総合健康リスクは、健康経営認定企業が未認定企業に対し、有意に低いことはわかってきました[146]。これによって今後健康経営に取り組んでいれば医療費の低減が期待されるのです。

ここで一点注意したい点は、前述のとおり医療費の削減はなかなか難しいと予想されるので、健康経営のKPIや目標として医療費の削減率を掲げないほうがよいということです。経済産業省は、健康経営の普及開始時には、医療費の削減を、効果の一つに掲げていました。しかし、健康経営の進展により、医療費が短期的に増加することがわかってきたため、ここ数年は医療費の削減に言及しなくなりました。代わりに前掲図7のとおり、生産性の向上やイノベーション等を掲げています。

次にモチベーションでは、従業員のロイヤリティーや満足度が高まります。その後ワークエンゲージメントや幸福度、心理的安全性が高まるものと予想されます。その結果、後述第4節

146　https://jinjibu.jp/news/detl/17571/

のとおりイノベーション等が起きる可能性があると考えられます。ウェルネス（健康）キャリアの考え方もこちらのモチベーションに影響を与えます。そして最終的にはヘルシーカルチャー（Culture of health）の文化が根付いていくものと推察されます。

生産性の低さについて[147]は、日本全体の大きな課題として取り上げられてきました。国際比較で用いられている時間当たり及び就業者１人当たり売上高や、１人当たり営業利益等、生産性にはさまざまな考え方やそれらに伴う測定方法があります。

健康経営では、どのように測定するのが好ましいかと考えると、一つにプレゼンティーイズムやアブセンティーイズム・欠勤率の改善が期待できるので、経済的損失の改善が良いようです。これらによって生産性が上がったと言い換えることができます。また健康経営に取り組むと一時的に休職率が増加するのは説明したとおりですが、遅刻や欠勤率の改善が見込まれます。また労働時間が増えますので、それに伴う売上のUPも期待できます。

難しいのが、離職率の低下が期待できますので、その位置づけをどうするかです。前述の戦略広報の効果でも期待できますが、表5では、モチベーションアップに位置づけました。理由は、モチベーションが低いと離職率が高まると考えたからです。

しかし離職率の低下に関しては、一定の人の出入りがあるほうが組織として健全という考え方を持っている企業もあります。モチベーションが高いがゆえに転職するという考えもあり、最近では、「アルムナイ（alumni）」（本来は「卒業生、同

147　https://www.jpc-net.jp/research/detail/005625.html

窓生、校友」の意味で、ここでは企業の離職者やOB・OGの集まりを指す）を組織化し活用する事例も増えてきました。一度退職したとしても組織の文化や取り組み手法は理解していますので、復職すれば研修等もあまり必要なく、また企業文化に合わないということもないので、貴重な人的資源になる可能性があります。しかし一般的には離職率は低いほうがよいと考えることできるので、モチベーションに分類しました。

本項最後に、内的効果を得るために必要な社内浸透に、ミドルマネジャー（中間管理職）の役割があります。日本企業の強みは、ミドルマネジャーにあり、このミドル層が崩壊することで競争力を失ったと展開している『中堅崩壊』[148]があります。そこでミドルマネジャー（中間管理職）の復権を唱えたり、前述の株式会社富士通ゼネラルのように管理職研修に、ヘンリー・ミンツバーグの『マネジャーの仕事』[149]や『これからのマネジャーが大切にすべきこと—42のストーリーで学ぶ思考と行動』[150]を用いるなど、ミドルマネジャーの教育と活用は、全世界で必須となっています。

一方、ミドルマネジャーをあまり必要としないフラット型組織では数年前に流行った「ティール組織」[151]等や、最近では

148　野田 稔＋ミドルマネジメント研究会：『中堅崩壊　ミドルマネジメント再生への提言』、ダイヤモンド社（2008）

149　ヘンリー・ミンツバーグ（著），奥村 哲史，須貝 栄（翻訳）：『マネジャーの仕事』白桃書房（1993）

150　ヘンリー・ミンツバーグ（著），池村 千秋（翻訳）：『これからのマネジャーが大切にすべきこと—42のストーリーで学ぶ思考と行動』、ダイヤモンド社（2021）

151　フレデリック・ラルー（著），嘉村 賢州（解説），鈴木 立哉（翻訳）：『ティール組織—マネジメントの常識を覆す次世代型組織の出現』、英治出版（2018）

ジョブ型雇用などもあり、組織をどのようにすべきかは、企業の古くからの課題です。しかしヒエラルキー組織がまだ多い日本においては、ミドルマネジャー（中間管理職）の役割や重要性は変わらないでしょう。そう考えると、健康経営においても、ミドルマネジャー（中間管理職）に対しての研修は、社内浸透度を分けるうえでも重要なポイントになりそうです。管理職研修等に健康経営の効果や取り組み方等の教育機会の提供が望まれます。

■まだ見えぬ長期的な効果と可能性

まだ見えぬ長期的な効果の一つ目に、何度も紹介している内的効果に挙げた医療費の削減があります。健康経営は 2015 年の顕彰制度開始から 10 年も経っていません。健康経営銘柄でさえ、健康増進等の取り組みは行っていましたが、健康経営宣言をして本格的に取り組んだのは数年という事例もあります。

政府としては、１人当たり医療費の削減を一番期待したいところですが、平均寿命の延伸や新しい病気の発生、医療技術の進化による高額医療治療等により医療費が膨らむことが予想されています。また国民健康保険の赤字[152]は拡大し、健康保険組合や協会けんぽは黒字[153]となっている現実があり、政府はできる限り、定年退職して国民健康保険に移行するのを防ぎ、現在の国民皆保険制度を維持するために、企業の健康保険組合等に残ってもらいたいと考えているようです。また生涯現役社

152　https://www.mhlw.go.jp/content/12401000/000809377.pdf
153　https://www.nikkei.com/article/DGXZQOUA024A50S1A700C2000000/

会の文脈もこれを後押ししています。

生涯現役社会は、認知症の予防等期待される効果もあります。そこでオフィスでの健康はどうしたらよいのでしょうか？　腰が曲がっても使いやすいオフィス家具や、段差がないフロアー、また目に優しいディスプレイ等も必要になるでしょう。つまり職場環境への投資が必要になるのです。そしてその効果は、Well-being？　幸福度？　等どこに影響を与えるのか、これからみえてくる効果となるでしょう。そしてその効果こそが、高齢化に向かう先進国のソリューションの一つになることも世界から期待されています。ぜひ目を凝らしていきましょう。

二つ目に「働きがい」があります。GPTW（Great Place to Work®）という言葉を聞いたことがあるでしょうか？　世界約60か国で働きがいを調査した会社や組織を各国の有力なメディアで発表する専門機関となります。毎年、働きがいランキング[154]を『Forbes Japan』を通じて発表し、近年では認定制度も始めています。

筆者が、企業に対し健康経営の普及や支援を行っていると、まれに「弊社では働きがいを目指しており、健康経営は考えていません」と言われることがあります。この返答をいただく度に、健康経営と働きがいは相反するものであり、ライバルなのかと思わされます。しかし、相反する「or」ではなく、どちらも目指す「and」の精神で両立できると考えています。むしろ、相互に影響を与えている近しい取り組みや概念になるとも考えています。

第１章のすべての戦略の土台としての健康経営でも紹介しま

154　https://hatarakigai.info/ranking/japan/2021.html

したが、andの考え方は、『ビジョナリーカンパニー』シリーズ[155]で、たびたび強調されている考え方になります。なぜ、このような考え方になるかというと、仮に健康経営で社員が健康になっても、働きがいが高まらなければ生産性や会社業績は向上しないからです。

しかし、すでに健康経営に取り組んでいる方はご存じだと思いますが、健康経営では、元気でいきいきとした社員や組織が誕生することがわかってきています。それらは働きがいには繋がらないのでしょうか。否、繋がっている、強い相関があると予想しています。

ちなみに、「働きがい」とは、企業と従業員の間で信頼関係があるうえで、個人が自らの意思で仕事に取り組める状態を指します。働く環境や条件はあまり関係なく、仕事そのものから生まれるモチベーション、内的要因によるものが働きがいです。対して「働きやすさ」は、環境や条件といった外的要因によるもので、日々の労働時間や福利厚生など、企業が従業員に提供する職場環境によって左右されます。

健康経営は、上記どちらにも介入しますので、従業員に働きがいや働きやすさが生まれると考えています。そこで、2021年、日本にあるGPTWジャパンを運営している株式会社働きがいのある会社研究所にご連絡し、共同での研究を持ちかけました。しかしライセンスの委託先であるため、日本独自の指標である健康経営等と一緒に研究することは、残念ながらかないませんでした。いつか健康経営で働きがいランキングに影響を与

155　ジム・コリンズ（著），山岡 洋一（翻訳）：『ビジョナリーカンパニー２ 飛躍の法則』、日経BP（2001）

えること、また働きがいランキングが健康経営に影響を与えることを科学的に証明できることを夢見ています。

まれにですが、外資系企業で「グローバルでGPTWの調査を実施しているため、日本独自の指標は考えられない」と言われたこともあります。そういう意味では、後述第4章で紹介するとおり、健康経営が国際展開され、ISO等の国際指標として発展していくことを期待しています。

上記と関連してアメリカのギャラップ社が行っているエンゲージメント調査「State of the Global Workplace」[156]が挙げられます。ニュース等で、日本では仕事にエンゲージしている人が少ないと聞かれることがあるかと思います。健康経営が、このまま社会に浸透しまたマネジメントシステムとして進化していけば、働き方の変化も相まって、日本人が従来持っていたといわれる「仕事は楽しいものではない」という固定概念も変化し、情緒面からも数値が改善される可能性が高いと予想しています。ぜひ、今後もみていきたい数値です。

三つ目はイノベーションの可能性です。詳細は、次節で紹介しますが、経済産業省が掲げている最終的な目標（前掲図7）である企業価値向上の前に企業のイノベーションが促進されるものと予想されています。

イノベーションは大きく分けて技術イノベーションと制度組織イノベーションに大別されます。技術イノベーションは、名前のとおり技術に関するイノベーションを指し、制度組織イノベーションとは、株式会社等の新しい制度や組織等で社会に対

156 https://www.gallup.com/workplace/349484/state-of-the-global-workplace.aspx

してイノベーションを起こした事例を指します。また制度組織イノベーションは、時間がかかり、後世の人々が判断するというのが特徴になります。健康経営は、マネジメントシステムですので、イノベーションとして後世に判断されるでしょうから、「制度組織イノベーション」に該当します。

そしてイノベーションとして判断される気配はすでにあります。私は、2018年に海外のイノベーション系の学会にて健康経営の論文を投稿しました。その後、新型コロナウイルスが猛威を振るい始めた2020年夏に、その海外の学会から、次のようなメールをいただきました。

「日本では新型コロナウイルスの感染者が少ない。その理由は日本企業の多くが健康経営に取り組んでいるからではないか。仮にそうであれば健康経営（Health and Productivity Management）はヘルスケアのイノベーションといえるのではないか」と。そして「その可能性が少しでもあれば学会で発表してほしい」との依頼でした。英語表記でhealthが付いており上記の指摘になったのと、論文で日本企業の多くが取り組んでいる点、また感染症予防対策が健康経営度調査の項目にある点を紹介したからのようです。

当時、上記の指摘に対し、日本人の特性等で、健康経営が影響を与えている可能性は低い旨を返信し、また残念ながらタイミングが合わず学会での発表はかないませんでした。しかし、今考えると健康経営の普及に取り組んでいる当事者であり、遠近歪曲トラップにかかっていたようです。遠近歪曲とは、「遠いものほどよく見え、近いものほど粗が目立つ」という人々の認識のバイアスを意味し、健康経営の当事者だからこそ、その可能性を低く見積もっていたのかもしれません。

今回の海外から指摘があったように、今後もこのような指摘が世界から続くようであれば、将来健康経営がヘルスケアやマネジメントとして、またイノベーションとして認識される日がくるかもしれません。そして健康経営に多くの企業が取り組んでいる日本は世界において競争優位を持てる、そんな未来を想像させられる出来事でした。

第4節　イノベーション

■経済産業省が期待するイノベーション

前節で紹介したとおり、健康経営での成果&効果にイノベーションが期待されています。さてビジネスにおいてイノベーションは、常に、成長と競争優位性を確保する重要な要素であり、これを疑う人はいないでしょう。

そこで健康経営でのイノベーションの可能性について紹介します。経済産業省は、2015年の顕彰制度開始時から、健康経営や健康投資の最終効果に「業績向上」、「企業価値の向上」を掲げており、近年その手前に「イノベーションの可能性」がある旨を明記してきました。

研究者として、企業価値が高まる手法の一つとしてイノベーションがあることは理解できますが、健康経営におけるイノベーションとは、正直突飛であると考えていました。また経済産業省も最近前掲図7に示す絵を描いて普及を促進していましたが、本当にイノベーションが起きるのか自信がなかったように推察します。つまり可能性の問題であり、企業価値が向上するという目的のために、イノベーションという項目が必要だった、またあって欲しいという願望だったと想像します。なぜなら2020年以前には、イノベーションの可能性を示すデータや気配すらなかったからです。

しかし、直近の調査では、イノベーションの可能性を示す指標が確認できました。そこで、イノベーションと健康経営の位置づけについて整理します。

イノベーションには、読者の皆様もご存じのとおり、ブルーオーシャン戦略[157]、オープンイノベーション[158]、ジョブ理論[159]等多様な戦略や手法が存在します。ここでは、２つの定義を紹介します。一つ目は前述のとおり、「技術イノベーション」と「制度組織イノベーション」が挙げられます。技術イノベーションの例にはインターネットの発明が挙げられます。インターネットの起源は、1969年、米国内の４つの大学と研究所にあるコンピュータを電話回線でつないだ「ARPANET」といわれています。それから半世紀が経ちインフラが整備され、やっとだれもが手軽に繋がれる世界が日本にも来ました。つまり発明から約50年が経過して、現在からみるとイノベーションだったと判断できるのです。

もう一つの制度組織イノベーションの例としては、株式会社という制度が挙げられます。株式会社の起源は1602年に設立

157　W・チャン・キム（著），レネ・モボルニュ（著），入山 章栄（監訳），有賀 裕子（翻訳）：『［新版］ブルー・オーシャン戦略　競争のない世界を創造する』、ダイヤモンド社（2015）

158　ヘンリーチェスブロウ（著），大前 恵一朗（翻訳）：『OPEN INNOVATION　ハーバード流イノベーション戦略のすべて』、産能大出版部（2004）

159　クレイトン・クリステンセン（他著）、依田 光江（訳）、『ジョブ理論　イノベーションを予測可能にする消費のメカニズム』、ハーパーコリンズ・ジャパン（2017）

されたオランダ東インド会社[160]だといわれています。巨額の資本を必要とする商船部隊を要する貿易を可能とした画期的なイノベーションといわれており、現在まで形を変えて、企業形態の主として残っています。前述の通り健康経営は、マネジメントシステムですので「制度組織イノベーション」に該当します。

二つ目が、『多様性の科学』[161]等で紹介されている「漸進的イノベーション」と「融合イノベーション」の分類です。前述の技術・制度組織を“分類分け”と考えると、漸進的と融合は“手法”と位置づけることができます。

「漸進的イノベーション」とは、その名のとおり漸進的かつ継続的な改善でのイノベーションとなります。持続的イノベーションの一つともいわれています。「融合イノベーション」とは、イノベーションの始祖であるシュンペーターが定義した“新結合”[162]に由来する既存と既存の掛け合わせによるイノベーションとなります。また『ビジネスモデルナビゲーター』[163]によると、イノベーションの9割は組み合わせでできており55のモデルで説明ができると紹介しています。健康経営は、“健康”と“経営”を組み合わせている領域ですので、「融合イノベーション」と位置づけることができるでしょう。

160　大塚 久雄：『大塚久雄著作集第1巻　株式会社発生史論』，岩波出版（1985）

161　マシュー・サイド（著）：『多様性の科学　画一的で凋落する組織、複数の視点で問題を解決する組織』、ディスカヴァー・トゥエンティワン（2021）

162　根井 雅弘：『シュンペーター　企業者精神・新結合・創造的破壊とは何か』，講談社（2001）

163　オリヴァー・ガスマン，カロリン・フランケンバーガー，ミハエラ・チック（著），渡邊 哲，森田 寿（翻訳）：『ビジネスモデルナビゲーター』、翔泳社（2016）

また、健康経営が融合イノベーションと位置づけられる学術的な先行事例として、行動経済学が挙げられます。これは、心理学の概念を経済の分野に持ち込み、数年来日本でもブームになっており新たな一大分野となりました。つまり、それまで関連のなかったアイデア同士を掛け合わせて、健康（公衆衛生学／産業衛生学）と経営（経営学）との融合で、問題の範囲を広くカバーし、定義しなおしたといえます。単純に、産業衛生に経営的視点を入れただけともいえますが、しかしそれには価値があるのです。

そこでイノベーションマトリックスを参照にすると、イメージは下表のようになります。

表 12　イノベーションと健康経営の位置づけ

	技術イノベーション	制度組織イノベーション
漸進的イノベーション		
融合イノベーション		健康経営

※筆者作成

このように健康経営は位置づけられるでしょう。今後の健康経営の普及や年限を経ないとイノベーションとして認識＆認定できないと思われますが、少なくとも健康経営を活用して自社の競争優位やサステナビリティを持ったり、ビジネスモデルを変更させようとしたり、新しい商品やサービスを生みだそうとしており、多くの企業努力が見受けられます。後世からみると、今はイノベーションの渦中にいるといえるのかもしれません。

■3つのイノベーションの可能性

ここでは近年わかってきた、具体的にイノベーションを示唆する指標や事例を3点紹介します。

まず一つ目に前述のとおり、健康経営に取り組めば“心理的安全性”が高まる可能性があるということです。心理的安全性が高まると、学習・イノベーション・成長をもたらすと考えられています。一番有名な例として、グーグルの効果的なチームを可能とする条件を見つけることを目的とした「プロジェクト・アリストテレス」があります。このプロジェクトでは、あるチームが他のチームより高いパフォーマンスをあげる理由に心理的安全性があり、これがチームの生産性を高める重要な要素であることが明らかになりました[164]。ほかに、心理的安全性の高まりがワークエンゲージメント、メンタルヘルス、離職の意思と関連していることがわかっています。

つまりイノベーションが起こる可能性が高まります。健康経営→心理的安全性が高まる→イノベーションの可能性高まる、というロジックが成り立つようになってきたのです。因果関係については今後の研究を待たないといけませんが、肌感覚として、いきいきと元気な社員が増えれば当然発言も増え組織として活性化すると捉えることはできます。学術誌にアクセプトされれば詳細を示すことができるのですが、心理的安全性は健康経営に取り組む前後比較で十分な有意差が確認できています。

また、日本における企業の心理的安全性を高めた健康経営の取り組み例としては、産業保健スタッフと従業員の全員面談が

---

164 Drhigg, C, “what Google Learned From Its Quest to Build the Perfect Team” *The New York Times Magazine* February 25, 2016

あります。これは富士ゼロックス（現富士フイルムビジネスイノベーション）等の産業医で活躍され、一般社団法人日本産業カウンセラー協会会長も務められた河野慶三氏が提案[165]しており、全員面談によって、保健室等場所と産業保健スタッフに慣れてもらい、従業員が産業保健スタッフに対し、いつでも気軽に相談できる環境を整えることによって、従業員の健康等の不安を払拭し、結果的に心理的安全性を高めることが出来ます。つまり全員面談で心理的安全性のアップが期待されるのです。上記のようなことから今後は、健康経営に取り組んでいる企業から、心理的安全性を高めるイノベーションの製品やサービスが生まれてくるのを待ちたいと思います。

二つ目は、健康経営を通した人材開発面からのイノベーションの可能性です。すでに、健康経営等の施策は人材開発と補完関係にあることが紹介[166]されています。詳細は次節の人材開発とウェルネス（健康）キャリアで紹介しますが、簡単に説明すると、人材開発では、人材開発→内省化→自律的社員→イノベーションやWell-being向上、ですが、健康経営でも、健康経営→行動変容→自律的社員、と自分の健康を通じて内省化が行われ行動変容を促し、自律的社員になると考えられるからです。イメージは次図10のようになります。

結果として、従来の人材開発と同様の成果として、健康経営でもイノベーションやWell-being向上が得られると推定でき

165　河野 慶三：『新版　いま、知っておきたい健康管理の基礎知識』、中央労働災害防止協会（2002）

166　平野 光俊、勝又 あずさ：健康経営施策とキャリア開発支援の補完的連携―戦略的人的資源管理の視点から―，産業カウンセリング研究，2020、第21巻，第１号 pp27-38

図10　人材開発と健康経営の目的

※筆者作成

るのです。健康経営度調査ではヘルスリテラシーの研修を階層別で実施しているか聞いていますが、上記概念ではヘルスリテラシーという一つの効果だけでなく健康経営の取り組み全体を階層別研修で学習することが考えられます。そして行動変容を促しイノベーションを起こせる人材開発につながるのです。

三つ目は、規制によるイノベーションです。規制が企業活動に対してプラスの効果を与えるという考え方となります。規制によるイノベーションと聞くと不思議に思われるかもしれませんが、規制によってイノベーションが促進した歴史は古く、直近ですと環境経営が該当します[167]。これはマイケル・ポーターが掲げている「ポーター仮説」[168]がもとになり、「適切にデザインされた環境基準は、環境基準を遵守するコストを一部もしくはそれ以上に上回るようなイノベーションを誘発する」と紹介しています。つまり国や国際機関等から企業活動に規制が入ることによって、企業は生産プロセスや製品そのものについて、適応せざるを得なくなり、新しいイノベーションが促進されるというロジックです。そしてそのイノベーションが競争力を持つこととなります。

167　天野 明弘, 國部 克彦, 松村 寛一郎, 玄場 公規（編著）:『環境経営のイノベーション　企業競争力向上と持続可能社会の創造』、生産性出版（2006）

168　Porter（1991）、Porter and van der Linde（1995）等を参照

上記のように考えると、健康経営度調査に則った健康経営の取り組みも規制と捉えることができるのではないでしょうか？　もちろん健康経営自体は、企業の自主的な取り組みであり、政府が推奨しているだけで罰則があるわけではなく、また国際機関から求められているわけでもありません。しかし前述のとおり中項目で71あり、また質問も含めれば全部で約240の取り組みがあり、決して少ないわけではありません。そしてこれらに適応しようとする企業は年々増えています。

つまり健康経営という“規制”がイノベーションを誘発する可能性があるということです。ちなみに経済産業省が健康経営の普及を環境経営に例えることが多いのも、理由の一つです。ぜひ健康経営に組織変更等で適応することで、生産プロセスや製品へのイノベーションを促していきましょう。

■行動変容とイノベーション

2021年には、健康経営≒行動変容と謳う活動体「健康行動ネットワーク[169]」が設立されました。私もアドバイザーで最初に参加しており、「人生100年時代に働くひとが、なぜ、健康行動を取れないのか？　続けられないのか？」を基本命題として健康経営と行動変容の普及に取り組んでいます。

行動変容は人材開発においての一つのゴールとなり、イノベーションの可能性を秘めていることは前述のとおりです。具体的に、健康における行動変容には、産業保健スタッフが従業員に対して用いる行動変容モデル[170]が有名です。モラリスト

169　https://kenkodo.net/
170　津田 彰、石橋 香津代：行動変容、日本保健医療行動科学会雑誌　34(1), 2019　49-59

文学者であるラ・ロシュフコーの格言に「我々はどこまでも理性についていくだけの力は無い」とあり、行動変容の難しさを物語っています。健康度に応じた行動変容モデルは表13のようになります。

表13　健康度と行動変容

無関心期	関心期	準備期	行動期	維持期
知識の伝達 KAP モデル	行動意図モデル等	ライフスキル		環境整備
意識の高揚 環境再評価 情緒的喚起	自己再評価 社会的開放	コミットメント（自己設定）	援助関係 自己報酬 環境統制	グループ活動 ライフイベント
自己効力感、セルフエスティーム				

出所：日本健康教育士養成機構「新しい健康教育～理論と事例から学ぶ健康増進への道～」保健同人社　大津一義先生執筆部分より引用改変

最新の研究では、理性と感情で、感情に訴えると情報は記憶に残るといわれ、心理学では感情を強く刺激した出来事は、記憶に定着しやすいことが示されています[171]。また、従来主だった損失行動変容のメリットにフォーカスしたメッセージとゲインフレームと行動変容をしないデメリットにフォーカスしたメッセージのロスフレーム等で行動変容への影響力を比べた場合、ほとんどの場合で両者の説得力に差がないことがわかってきました。行動変容のメリット（報酬）と、行動変容をしないメリット（脅威）のどちらを伝えても効果があると考えること

171　ラファエル・A.カルヴォ，ドリアン・ピーターズ（著），渡邊 淳司，ドミニク・チェン（監訳）：『ウェルビーイングの設計論　人がよりよく生きるための情報技術』、ビー・エヌ・エヌ新社（2017）

ができるようになったのです。

そのほかに、ヘルスケアコミュニケーションとして、興味→理解→変化→記憶→行動、プロセス[172]があったり、行動経済学からの応用のナッジ理論[173]、多理論統合モデル、心理学からの計画的行動理論、内発的動機づけと外発的動機づけを繋げた自己決定理論等があります。また後述第３章の職場環境への介入（強制介入）は、行動変容理論では、ゼロ次予防に該当します[174]。

特にここ最近聞かれるようになったのは、2017年にノーベル経済学賞を受賞したナッジ理論の医療分野や公共政策への応用ではないでしょうか。ナッジ理論とは、行動経済学の知見を使って、肘で軽く突くように、人々にそれとなく望ましい行動を選択するように促すことを指します。

これを健康経営に適応することも可能です。例えば、オフィスに、昇降型テーブルや、バランスボール等の椅子を用意し選んでもらったり、オフィスの廊下に、身長に合わせた望ましい歩幅を描いたり、エレベーター前に手型を準備しストレッチができるようにしたり等が考えられます。

ほかに、卓球台兼オフィステーブルを置いていつでも卓球ができたり、テーブル付きフィットネスバイクを用意したりするのも面白いでしょう。さらには、階段に装飾を施し楽しく上下できる仕組みをつくり、エレベーター内に恐怖を煽る装飾を施

172　奥原 剛：『実践 行動変容のためのヘルスコミュニケーション　人を動かす10原則』，大修館書店（2021）

173　リチャード・セイラー，キャス・サンスティーン（著），遠藤 真美（翻訳）：『実践 行動経済学』、日経BP（2009）

174　https://www.jstage.jst.go.jp/article/jjh/74/0/74_19018/_pdf

しおぞましい効果音を流す等もいかがでしょうか。工夫次第でいろいろできそうです。

さて、行動変容ができると、地方自治体含め医療費の削減においてイノベーションの可能性を秘めています。その例として、地方自治体での医療費の削減等で官民連携の仕組みの一つとなり、行政や民間事業者及び資金提供者等が連携して社会問題の解決を目指す成果志向の取り組みである「ソーシャルインパクトボンド」が挙げられます。すでに経済産業省において実証が行われており[175]、健康経営での応用も模索されています。

そもそも地方自治体からみると、行動変容が行われれば社会に対しても大きなインパクトを与える可能性がありますし、健康経営が流行ったおかげで、それを地域のヘルスケア創出（地方創生）[176]や健康等に利用したい自治体や企業もたくさん現れてきています。今後そのようなところから新しいイノベーションが起こる可能性があるでしょう。

本項の最後に、健康経営には、行動変容を伴わないでも得られる効果もあります。例えば、アナウンスメント効果です。詳細は前述のとおりで、企業が健康経営に取り組みますと大々的に発表するだけで、リクルート効果が高まったり、会社に対してこれからの取り組みの期待からロイヤリティーが高まるケースもあるからです。

ほかに、女性の検診制度を充実させ、補助すると謳った場合、実際にその制度が使われなくても、従業員 or 社員が会社は自分にとって良い会社だと思い会社へのロイヤリティーが高まる

175 https://www.meti.go.jp/committee/kenkyukai/shoujo/jisedai_healthcare/kenkou_toushi_wg/pdf/010_s01_00.pdf

176 新井 卓二：「健康経営と地方創生」、山野研究紀要 30 2023 年 3 月

ことが考えられます。また、男性の育休制度を導入すれば、大学生からみればホワイト企業との印象が強まり、リクルート効果が期待できるでしょう。そしてこれらの多くは組織としての効果となります。

つまり行動変容は個人の活動となり、健康経営の取り組みの成果の一つということです。そういう意味でも、健康経営の取り組みにおいて、産業保健スタッフや人事部のみで構成されると、組織としての効果が得られず期待される効果が半減してしまう恐れがあるのです。

第５節　人材開発とウェルネス（健康）キャリア開発

■ウェルネス（健康）キャリアの概念と女性のキャリア＆健康

本節では、第１章でも触れたとおり、人材開発として、ウェルネス（健康）キャリアという概念を紹介します。これは企業が、従業員個人に対し、ウェルネス（健康）キャリアのゴールを設定し、それから研修に落とし込むことを指します。なぜ必要になるかといえば、前述のとおり、無形資産として競争優位やサステナビリティを持つ人的資産に対し投資する一つの項目であると同時に、生涯現役社会の到来とそれに適応するための施策でもあるからです。

そしてウェルネス（健康）キャリアのゴールの一つに、個人のヘルスリテラシーの向上が挙げられます。ヘルスリテラシーも何度か紹介しているとおり「健康×情報活用力」となっており、健康経営に取り組んだ結果、ヘルスリテラシーが向上したとの報告は多々あります。ヘルスリテラシーが向上すると、その人の社会人人生での生活の質が向上するだけでなく、定年退職後は地域に戻った際、健康診断を毎年受診したり、積極的に再健診を受けたり、また健康に気をつけ増進に努めることがわかっています。充実した人生を過ごすための質が向上していくのです。

これには副次的効果があります。それは、地域の監督者である自治体からみた際、地域にヘルスリテラシーが高い住人が多くいることは、医療費が低く抑えられる可能性があることです。つまり地域の健康にも貢献しているとも考えられるのです。前掲図7の「社会への効果」に該当します。社会への効果は、1. 国民の健康増進、2. 持続可能な社会保障制度構築への貢献、3. 経済成長、があり、企業が健康経営に取り組んでヘルスリテラシー等を向上させれば、全てに貢献できるのです。大きい目でみれば、企業の取り組みが日本国全体の医療費の削減に貢献できるのです。

自治体への効果は、後述第4章の自治体が活用する健康経営に譲りますが、2021年秋に講演した茨城県の事例を紹介します。茨城県では、健康経営に取り組む企業を増やすため、県独自の顕彰制度として「いばらき健康経営推進事業所認定制度」[177]を主催しています。この認定制度は、経済産業省の健康経営度調査に準拠しており、また運動のアプリとして「元気アップ！りいばらき」を用意し、無料で使えるのが特徴です。

なぜ県が健康経営を推進する必要があるかと考えると、一つ

177　https://www.pref.ibaraki.jp/hokenfukushi/chofuku/kenkou/kenkoukeiei/kenkoukeiei-top.html

に健康診断受診率の向上が考えられます。特定健康診査実施率は、全国平均で38％[178]となっており、茨城県はこの年平均を下回っています。健康経営では、健診受診率100％が求められますので、県内で健康経営に取り組む企業が増えれば、健康診断受診率の向上も期待できます。このような動機で、県内の健康経営企業を増やすことを目標とする地方自治体もあるのではないでしょうか。

もう一つが地方自治体で取り組んでいる健康寿命延伸を目標とした健康都市構想等です。どこの自治体も住民を安全に安心に長く健康に過ごしてもらうため、また都心への住民流出を防ぎ、また都心の人々を惹きつけるために、安心・安全・健康に取り組んでいます。茨城県も、県民の健康寿命日本一を目指す「いばらき健康寿命日本一プロジェクト」を策定しており、その一環として前述の認定制度が誕生しました。

このように考えると、健康経営に取り組むこと自体が、地方社会へ好影響を与えることが想定されます。では具体的に、健康経営の主に“何”をすれば好影響を与えるかと考えると、企業におけるヘルスリテラシーの向上を含むウェルネス（健康）キャリアという個人の人材開発にいきつきます。

ウェルネス（健康）キャリアについて、もう一つ重要な点が、女性です。M字カーブ[179]という言葉を聞いたことがあるでしょうか？　女性の年齢階級別就業率の推移のことで、20代後半から30代前半まで、出産等で職を離れ、就業率が落ちる現象のことです。つまりその期間の労働生産性はありません。そし

178　https://www.kokuho.or.jp/statistics/tokutei/sokuhou/lib/210218_3211_tokutei.pdf

179　https://www.mhlw.go.jp/bunya/koyoukintou/josei-jitsujo/dl/10a-2.pdf

てキャリアや昇進にも課題が発生し、結果非正規雇用が半分[180]を超えています。また女性には、男性にない、生理的な現象等もあり、前述のとおり経済損失額が見込まれています。

つまり女性は、キャリアの面でも健康面でも、経済的損失額が見込まれているということです。だから無理にでも働けということではありません。急速な少子高齢化の進展に伴い労働力人口が本格的に減少していくことが見込まれる中、将来にわたり安心して暮らせる活力ある社会を実現するためには、就業率・就業者数を上昇させ、持続可能な全員参加型社会を構築していくことが必要なのです。つまり、辞めなくても、また健康面に配慮しながら、いきいきと女性が働きやすい社会をつくるのが求められています。そのための解決策の一つに健康経営があると考えています。「女性が働きやすい会社は男性も働きやすい会社」とはよく言ったものです。そのためには男性も育児や介護、家庭の仕事にもコミットしなければならない時代が到来したのです。

さて、本主旨のとおり、株式市場での評価や競争優位を持つために、また定年の延長による高齢者の会社勤め等の生産性の向上や維持の解決のためにも、ウェルネス（健康）キャリアという概念を持って、人材を育ててみましょう。無形資産のうち貴重な“人”に投資することは、理にかなっているように思います。社員のスキルUP等だけでなく、人生100年時代を見据えて、いきいきと健康な社員になってもらうために投資するのもよいのではないでしょうか。

---

180 https://www.gender.go.jp/about_danjo/whitepaper/r03/zentai/html/zuhyo/zuhyo01-02-07.html

■自律的社員の育成

前節のイノベーションの人材開発でも紹介したとおり、人材開発と健康経営は補完関係にあります。また共通の「行動変容」の経過をたどり、結果的に自律的社員の育成、イノベーティブな社員、Well-beingが達成できると考えられます。その関係は図11のようにも考えられます。

図11　健康経営と人材開発の関係と期待される効果のイメージ図

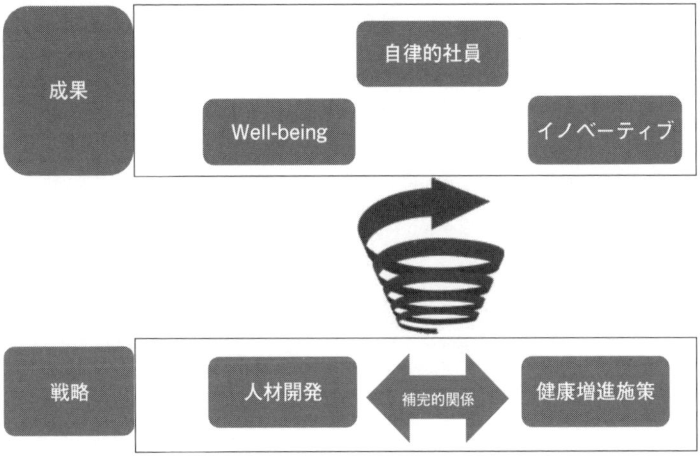

※筆者作成

自律的社員を育成するのに用いられる手法の一つに、経験学習サイクルがあります。組織行動学者のデービッド・A・コルブが提唱した、学習プロセスに関する理論となり、「経験→内省→持論化→実践」という４つのステップを踏むことで、経験から学びを得ることを指します。

前述のとおり健康における行動変容モデルは、無関心期から始まっており、いきなり経験させられないのがキャリアの開発と違う点です。キャリア開発では人事異動は、ほぼ強制で実施できますので、成長させるために経験を積ませようということができます。ただ健康における行動変容にも職場環境等への介入により強制の手法を用いれば、どちらも経験という同じ点から始められるのではないでしょうか。例えば、健康経営では、毎日出社時は階段を使うこと（行動≒経験）や会社で準備している体組成計に載る等（測定≒経験）が挙げられます。

また人材開発の目的は、自律的社員を育成することであり、自律型社員はWell-beingが高く、イノベーティブだといわれています。そして自律型社員が求められている背景に、⑴世の中の大きな変化に対して柔軟な対応が求められている、⑵「ジョブ型雇用」への変化、⑶働き方の多様化、が挙げられています[181]。

さて、健康経営でもその目的は個人の行動変容を促すことにより、ヘルスリテラシー等の知識が高まり、自分の健康にとって好ましい行動や活動ができる社員を、つまり自律的社員を育成することにあります。両方とも自律的な社員を育成することを目的としているのです。それに伴い環境の整備やロールモデル（その行動、模範、または成功が他の人、特に若い人たちによって模倣されている、または模倣される可能性がある人のこと）、組織等があります。表14が相互に関係していると思われる項目です。

共通のデメリットとして、行動変容を伴うため、時間がかかる点が挙げられます。自律的社員の育成は、一筋縄ではいかな

181　https://www.hrpro.co.jp/series_detail.php?t_no=2509

表 14　人材開発と健康経営の関係

	人材開発	健康経営
プロセス	学習プロセス	行動変容モデル
環　境	心理的安全性が必要	心理的安全性が高まる
ロールモデル	理想の人材像について定義し発信する	良好な健康状態・Well-being を発信する
組　織	評価・異動などの人事制度を見直す	人事、評価制度に組み入れる

※筆者作成

いということです。

　まとめると、下記のようになります。またこれらを促進する仕組みとして、環境やロールモデル、組織等があります。

人材開発：仕事経験→内省化→持論化→好ましい行動変容→自律的社員⤵

Well-being、イノベーティブ

健康経営：健診測定体験等（関心期）→健康によい行動変容→自律的社員⤴

　それでは、具体的にどんな研修が考えられるかを次に紹介します。

■階層別研修

　人材開発の方法には階層別研修や年次別研修などがあります。それぞれに対しどのように人材として成長するのか、また目標にするのかが設定されます。一方健康経営では、施策やイベントは実施しますが、個人に対し明確に「このような健康状態が目標」とは定義されていないようです。

　もちろん、医療従事者からの治療や面談等で介入が必要な人は、治療の対象となり、またハイリスク層は、健康状態の改善が求められます。これらは、－（マイナス）から±０（ゼロ）に戻している活動に見受けられます。それに対し、人材開発にはそもそも－（マイナス）という概念はありません。

つまり０（ゼロ）の状態から、どのように＋（プラス）に、そして理想的な人材像を目指すのかが問われているようです。またヘルスリテラシー等も－（マイナス）という概念もないと考えられます。イメージは図12のようになります。

図12　人材開発と健康状態等における人材の成長イメージ

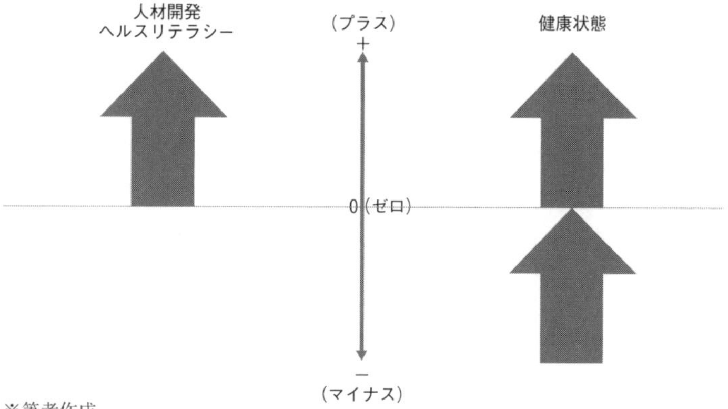

※筆者作成

そう考えると、健康経営の施策の中でも、－（マイナス）を０（ゼロ）に持っていく施策と、０（ゼロ）から＋（プラス）に持っていくことを目標としている施策等が混在していると考えられます。また健康経営においても階層別研修や年次研修等で、好ましい最終目標に対してどこまで進んでいるのか、またどこを補強すべきなのかという視点を持って研修し育成していくという考え方ができます。この考え方がウェルネス（健康）キャリアの考え方になります。

では、具体的に健康経営の階層別研修には、どんな研修が考えられるのでしょうか？　サラリーマン時代の人材研修の経験では、20代ではまず早期退職を避けるため仕事のやり方ややりがい、そして責任について考えてもらいました。

30代ではチームを率いたり部下を持つことが増えてきますのでリーダーシップや部下を使う責任について、40代ではチームまた部署をまとめることが増えてきますので（ミドル）マネジメント力について、また多様な部下を抱えることも増えるのでダイバーシティについて、50代ではこれ以上の昇進が望めない等の事情があり、早期退職制度や役職定年制度の対象者向けに社会人キャリアと外の世界との関係について、60代では今後の人生や退職金や年金等を含めお金の計算等について学ぶことになっていました。また入社時研修では、メンタル対策やコミュニケーション支援を、管理職研修では年次研修で触れなかった意思決定理論や組織活性化について研修を行っていました。

健康経営では、ウェルネス（健康）キャリアという考えをもとに、これから定年が延長され70歳になっても80歳になっても働く世界が予想されていますので、70、80歳になっても健康で働けるための教育が必要になると考えられます。表15は、主観的な見解であり、考えてもらいやすいと思いお題を提示しているだけで、そのとおりに取り組むことが正解ではありません。読者の皆様には、自社の状況に合った施策をご検討ください。

具体的には、20代では新しい職場に慣れるためのメンタル

&レジリエンスについて、30代では責任が増え忙しくなるので食事や睡眠について、またがんの罹患者も徐々に増えてきますのでがんやがんサバイバーについて、40代ではさらに忙しくなるのと子供の世話や親の世話の両立もあるのでタイムマネジメントや、運動不足に陥りやすいので手軽に出来る運動について、50代では将来を見据え口内全般の衛生状態を保つオーラルケアについて、女性では更年期にあたりますので更年期障害について、60代では一番効果が高い時期である認知症予防プログラムについて、そして70代でフレイル対策や白内障も増えますのでアイケア等が考えられます。また管理職研修では、部下やチームの健康管理等も想定されます。

面白い例として、株式会社富士通ゼネラルでは、管理職研修において、私の前著『経営戦略としての「健康経営」』を教材の一つとして使っており、ほかには、前述したヘンリー・ミンツバーグの『マネジャーの仕事』があります。前著を教材として使っている理由は、管理職が部下の健康を一番近くでみているからであり、組織の健康マネジメントを一つの能力と捉えているからだそうです。つまり、管理職としての必須能力として、健康経営マネジメント力が挙げられるといえます。まとめると表15となります。

もちろん上記以外にもさまざまな施策や対策が考えられます。ぜひウェルネス（健康）キャリアも目標を設定し、棚卸しして、ロードマップを作成し、各年代や管理職研修等で取り組んでみてください。

本章最後に、補足として、健康経営度調査では、ヘルスリテラシーの向上の項目で、定期的な教育だけなく、昇格時教育も対象に取り組み状況を聞いています。教育を研修と同義と位置

表 15　年代別ウェルネス（健康）キャリア研修案

研修時期	人材開発等	健康経営等
20 代	仕事の方法、目的、責任	メンタル、レジリエンス
30 代	リーダーシップ、部下を使う責任	食事や睡眠、がん
40 代	マネジメント、ダイバーシティ	タイムマネジメント、運動
50 代	社会人キャリアと外の世界との関係	オーラルケア、更年期障害
60 代	今後の人生の目標、老後のお金の計算	認知症予防プログラム
70 代	—（当時は無い）	フレイル対策、アイケア
入社時	コミュニケーション、メンタル対策	
管理職	意思決定理論、組織活性化	健康経営マネジメント力

※筆者作成

づければ、後述第３章の健康経営の目指す座組／クロスファンクションチームに、人事部の人材開発や研修担当のメンバーが入るのが望ましいでしょう。

第3章

健康経営の取り組み手法

第1節　目標とする健康経営／Corporate culture of health

■健康経営が目指す状態

健康経営の最終目標地点は、社員からみた際、「いつの間にか、（健康経営の施策等）気にすることなく、身体的、精神的数値が改善し、個人としていきいきし、組織として活性化した状態になっていること」が望ましいと考えています。つまり企業内に健康経営の文化を根付かせることです。

言い換えると、健康経営の取り組みが、企業文化にまで昇華することです。これらによって会社のアイデンティティになったり、Culture of health が醸成できていると言うことができます。そのような会社に勤めることができれば、いつの間にか会社員時代を、また定年後も、健康にいきいきと過ごせることでしょう。

逆に、健康経営に取り組んでいない企業に就職すれば、後述の図22のとおり、ヘルスリテラシーや健康度は高まらず、医療費が平均より多くかかる確率は高まるでしょう。

面白い事例があります。株式会社フジクラ[182]では、健康経営と名がつく前から社員の健康増進に取り組んでいる企業で、健康経営の取り組みで著名な企業です。ある別の会社に取材に行った際、健康経営訪問プロジェクト（後掲表22参照）で、フジクラに2度訪問していることを聞き、フジクラの取り組みについて「知り合いのフジクラ社員に聞いたら、フジクラでは

182　https://www.fujikura.co.jp/

健康経営をやっているとは聞かない」と教えてくれました。教えてくれた方は健康経営がフジクラ社内で普及していないと伝えたかったようですが、私の認識は違いました。フジクラでは健康経営が、企業文化として根付いていることが証明されたと感じたのです。

つまりフジクラでは、すでに“健康経営”と大層に銘打たなくても、毎日の企業活動や会社生活の中に取り組みが浸透しており、いつの間にか自然に&静かな取り組みになっている、企業文化にまで昇華していると捉えることができたのです。健康経営ではこのような状態を目指していきたいものです。

次に健康経営の効果は多岐にわたりますので、取り組みを一度デザインする必要があると考えます。概念図は図 13 のよう

図 13　デザインする健康経営

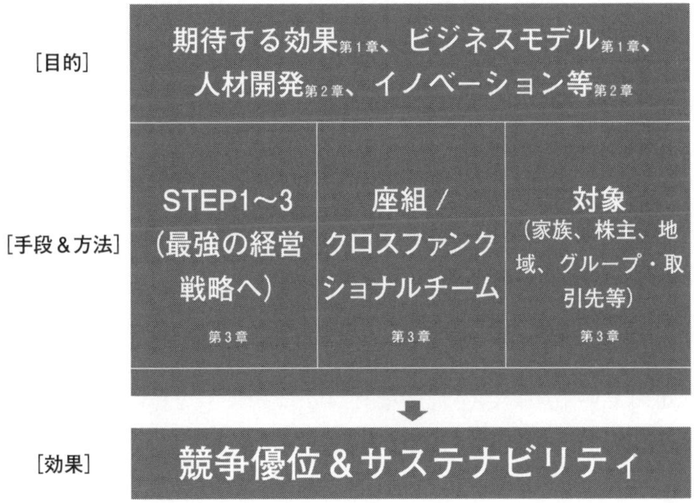

※筆者作成

になります。

この図だけみると取り組みが難しいと感じるかもしれませんが、一番上の段（期待する効果、ビジネスモデル、人材開発、イノベーション等）を目標に、中段（STEP1～3、座組／クロスファンクションチーム、対象）を実践すると、下段の企業における競争優位やサステナビリティを得られる、というロジックです。

「コーポレートアイデンティティ（CI）」という言葉があります。翻訳すると企業が独自に持つ生き様といったらよいのでしょうか。よく聞く話としては、“うちの会社は保守的”や、“新しいことにはすぐ飛びつくけど長く続けるのは不得意”や“製品やサービスに依存している”、しまいには“大企業病”や“宗教的”等、さまざまな言い方があると思います。健康経営に取り組んでいる企業は、将来的には、健康を形容する何かしらの「コーポレートアイデンティティ」を持つことが目標の一つになります。

例えば、個人でいえば、健康経営の普及活動を行っている私の体型がBMIで30を超えていたら、皆さんはどう思うでしょうか？　またはどうみえるでしょうか？　きっと、私の“熱い”言葉を聞いても、信用は持てないでしょう。しまいには、あんな人の言う事は聞けないと思われるかもしれません。これと同じように企業も、ヘルスケア事業に携わっている会社を含め健康経営に取り組んでいる企業は、健康と名がつく経営戦略に取り組んでいるのに、不健康な社員が多いようでは、社外だけでなく社内からも信頼は得づらいでしょう。

そしてWell-beingや幸福経営も同様です。幸福やWell-beingを掲げているのに、出会う社員全員が伏し目がちで、うつろな目で元気がなかったら、やはり企業としても信頼度は高まらないでしょう。これらの取り組みは時間がかかりますし、一足飛びにできることではありませんが、ぜひ健康に関わる「コーポレートアイデンティティ」を持てるよう頑張っていきましょう。その頑張りが、将来の日本をも救うことにもなるからです。

健康経営は、前述のとおり企業の土台となる戦略となります。さらに研究を進めていくと、いろいろな課題を解決するソリューションになり得ることがわかってきました。一石二鳥ではもったいなく、一石五鳥ぐらいも十分可能な戦略ということです。

そのためには、プロセスを理解し、後述第３節のとおり多様なメンバーを集め、狙いを定めて取り組むことにより、従来の効果だけでなく、人材開発になり、イノベーションが起きたり、ビジネスモデルまで変化させることができるのです。その結果が最強戦略となり得るからです。ぜひ社員を健康にするという小さな目標だけでなく、また産業保健や安全衛生の延長で取り組むのではなく、経営の目線や取り組みを入れ、企業の基軸や基盤として取り組んでみてください。

■健康経営を文化へ（Corporate culture of health）

本項では、健康経営を文化に昇華させる方法の一つとして、シグナル戦略について考えてみます。シグナルとは、マーケティングの世界でよく使われる戦略で、例えば、ライバル会社が新しい動きをとれば、自社にとって脅威にもなりますが、一方でライバル会社が目指している新しい方向を教えてくれることにもなります。特にプレイヤーが少ない業界で伝わりやすいといわれており、日本企業はシグナルを発信したり、受信や察する能力が低いともいわれてきました。つまり鈍感だということです。また日本では、ハッキリと伝えなくても、なんとなく伝えることができる文化もありました。

健康経営で会社からのシグナルといえば、健康経営度調査に載っている健康経営宣言が挙げられます。ほかに社長や担当者からの社内への発言、外部への発信とメディアからの情報も社内へと戻り、シグナルになります。有名なのが野球の故野村克也監督のメディア戦略です。これは対象とする選手個人に直接伝えるのではなく、新聞等のメディアを通して伝える方法のことで、人材育成の一つとして使用していました[183]。またこれはメディアの注目を集める弱者の手法でもありました。

これと同様に、当時の従業員と経営トップ等の関係はわかりかねますが、健康経営でも、スタート時にこのような戦略を“仕方なく”選んだ企業がありました。それは、健康経営を始めると社長が宣言しても、社内が動かなかったため、仕方なく先に広報IRを経由して、メディアで健康経営等の取り組みを宣言し、掲載してもらった例です。これによって当時の役員始め人事部が、社長が本気で取り組むのだと察し、健康経営の取り組みが始まったと聞きました。

つまり、健康経営の取り組み宣言も社内だけでは、従業員はいつ手のひらが返るか、朝令暮改になるか様子をみています。それがメディアを経由して大々的に発信、掲載されれば、これだけで不退転の施策なのだと、社員は感じます。ですから健康経営度調査でも一番初めの必須項目になっているのです。

183　野村 克也：『野生の教育論　闘争心と教養をどう磨くか』、ダイヤモンド社（2013）

ほかにも「健康白書」を作成して全従業員や家庭に送れば、家族にも健康経営の取り組みが伝わります。その際社長からの手紙が入っていれば、家族等は、パートナーや子供が良い会社に入っているのだろうと認識し安堵します。これも会社からのシグナルになります。

前述の通り健康経営の手始めに、従業員からアンケートを取ることを推奨していますが、健康に関するさまざまなアンケートを送る行為自体が、従業員に対し、今後会社が健康に関わる何か新しい取り組みを始めるのではないかとのシグナルを送ることになり、想像させるでしょう。この行為が、従業員の心の準備を促します。突然言われると従業員はびっくりしますし、そもそも企業では、新しい戦略を始める際、何もリサーチせずいきなり始めるなんて無謀なことはしないでしょう。健康経営も同じです。まずは、従業員をリサーチし、シグナルを伝えてください。

次に、場面に応じて、経営陣が、健康経営が優先されるべきものである土台であると伝えていく必要があります。この取り組みは止まらないと従業員にシグナルを送り続けるのです。また企業によっては、企業内大学等をつくっているケースがありますので、企業内大学に健康経営を内包するのもよいでしょう。なんだったら新たに健康大学をつくるのもよいと思います。これらも、会社の人材育成に健康が入っているとシグナルとして伝えることができるでしょう。

もちろん、人事評価に取り入れて、個人に対して目標を設定し達成することによる評価や報酬に含めるのもよいでしょう。口だけでなく、会社が従業員の健康を大切にしているという本気のシグナルが従業員に伝わるはずです。さらに健康経営推進担当者または責任者が昇進することも考えられます。従業員の健康をマネジメントし会社に貢献する、それこそが重要なのだと伝えることができるでしょう。将来的には、健康経営推進担当者や健康経営責任者を歴任した人が、社長等の昇進プロセスに乗っているとみせることもよいでしょう。これも強いシグナルとして従業員に伝わることと思います。

ここで面白い２つの取り組みを紹介します。一つ目に、丸井グループの健康経営担当者の手挙げ制度があります。これは、そもそも企業内に従業員が積極的に参加する文化が存在するうえで、各部署から担当者を手挙げで公募する方法です。これを毎年繰り返すことによって、健康経営がどこの部署のだれでも対象となることを伝えることができます。

ただし、積極的に会社のイベント等に参加する風土や文化がない企業ですと、公募してもだれも手を挙げないなんて悲しいことになりかねませんので、注意が必要です。

二つ目に、株式会社富士通ゼネラルの健康デザインセンター設立があります。こちらは、数千万円かけてオフィス内に新たにフロアを用意しました。こちらも使われなければ意味がありませんが、健康診断や産業保健スタッフとの面談、研修等で利用することによって存在が伝わり、活用されることにより、シグナルとして伝わります。

フロアの設置でよく聞くケースは、タバコ部屋をなくすことです。しかしこれだけでは喫煙者のみに対する規制のシグナルになります。そこに新しい健康施策を置くことによって、喫煙者を含むすべての従業員に対し健康を重視しているのだと伝えることができます。さらに富士通ゼネラルでは、別の棟に２つ目のフロアをつくるそうです。これで後退するどころか、さらに推進されていくことが伝わることでしょう。これらのように企業から従業員に対し、シグナルを繰り返し伝えることこそが、企業文化へと繋がっていくのです。

ほかに企業の文化をつくるにはどのようにやったらよいかと考えた場合、ジム・コリンズの「戦術を遂行する６段階[184]」をおススメします。

卓越した戦術を遂行する６段階とは、①採用→②研修→③目標設定→④測定→⑤評価→⑥文化を植え付ける→ループとなります。健康経営を文化にまで昇華する際、最初はもちろん採用です。その前段階として企業は、健康経営の取り組みや文化があることを対外的に発表することとなります。そして①健康に配慮する働き方が求められていることを求職者に告知し、同意を得てから採用します。②研修では、健康経営の取り組みを伝えるだけではなく、入社した社員から感想等確認し、難しいですが、この取り組みに同意できないのであれば退職してもらっても問題ないというスタンスを持てたら良いでしょう。次に③健康経営の施策の目標や取り組みに従ってもらう項目、人事制度等を伝える必要があります。そして④その結果を測定し、⑤その個人個人のデータからどのように変化していたのか評価する必要があります。それらを繰り返すことによって⑥健康経営が企業の中に文化として根付いていくと考えられます。

これらが、第１章で述べたとおり、他社が真似のできない無形資産における組織資産になるのです。

184　ジム・コリンズ，ビル・ラジアー（著），土方 奈美（翻訳）:『ビジョナリーカンパニー ZERO　ゼロから事業を生み出し、偉大で永続的な企業になる』日経 BP（2021）

■ストーリーとしての健康経営

健康経営で成功している企業を訪問すると、驚くほどきれいな健康に関するストーリーを聞くことがあります。それらは、企業のパーパスやミッション、戦略に沿っており、文脈剥離が起きないようになっているものです。それが名著『ストーリーとしての競争戦略』[185]ならぬ「ストーリーとしての健康経営」です。本書では、健康経営が競争優位を生むとの立てつけで進んでいますので、競争戦略と置き換えても問題ありませんし、これらは真似できないサステナビリティを持つ無形資産＆組織資産になるというのも同様です。

具体的なストーリーを２点紹介します。一つ目は表彰制度のOvation（オベーション）です。日本を代表し世界屈指の新規事業を起こすことで有名なこの会社では、大きな取引を獲得した際の表彰基準を変更しました。

例えば、従業員１人で10億円の売上げを上げたときに、その従業員から「秘訣は24時間365日夜討ち朝駆けで営業しました」等の発表があったとします。それをみた他の従業員は、「会社は働き方改革や健康経営を謳っているが、結局売上げを上げればどんな方法でもよいのだ」と感じます。つまり、会社から従業員に、大切なのは売上げであり、他の施策は優先順位が低いとのシグナルを送ってしまっていたのです。

そこでこの会社では、売上げが多少少なくても、時間内でしっかりと成果を上げた人間をOvation（オベーション）するように変更しました。すなわち、限られた時間内で成果を上げ

185　楠木 建：『ストーリーとしての競争戦略　優れた戦略の条件』、東洋経済新報社（2012）

た、例えば１人で３億円の売上げを上げた従業員を１番に表彰するようになったのです。２番目に、１人で24時間365日頑張り10億円の売上げを上げた従業員をOvation（オベーション）しました。こうすると他の従業員は、どれが１番でどれが２番なのかの判断がつきやすくなり、結局１番は時間の範囲内で取り組んだほうがよいと判断します。これらが働き方改革や健康経営の社内での普及に繋がったのです。また組織の成果にも、個人と同様に時間や健康に関する視点を追加し、Ovation（オベーション）を始めたそうです。これらにより、さらに組織としてどの施策が優先すべき事項かはっきりしたと聞きました。面白いストーリーだと思いませんか？

今後、新卒者が健康で長く働けてパフォーマンスをあげられそうだからという理由で企業を選ぶケースが増えてきます。また、ブラック企業で働いた経験を持つ転職者は、ワークライフバランスがとれた健康的な働き方ができる会社を希望することでしょう。そこで前述のとおり健康経営を人事評価や評価体系に取り入れていくことを提案しました。

しかし、多くは、健康経営施策に参加しない場合のマイナス面を設計しているように見受けられます。例えば、健康経営の施策を行っていない部下がいれば上長の評価が下がったり、グループの評価が下がったりする等です。個人的には、人事評価に組み込まれていなければ、健康経営が、企業において積極的に取り組まれているとはいえないと考えています。なぜなら人事評価項目に入っていなければ、また数年経てば別の取り組みが出てくると社員が考えるからです。ただ、罰則だけでもつまらなく“やらされ感”がでます。ぜひモチベーションが上がる工夫もしてみてください。

またこれらは前述のとおり、健康経営のシグナルにも該当します。このようなシグナルは、お金以外のモチベーションや好ましい行動変容をも促進します。ぜひ、人事評価や評価体系に健康経営の視点も入れてみてはいかがでしょうか？

もう一つのストーリーとしてSCSK株式会社の社長からの手紙があります。これはSCSKが必殺のタイミングで使っている戦略です。最近では、2020年6月のコロナ禍が始まってすぐに、会社で保管していたマスクを従業員の家族に送った際、社長の手紙を同封したという例があります。思い出していただければ、当時はマスクを買うことも困難で、またマスクがなければ買い物にも出かけられない社会状態でした。その中で社長の手紙には、「マスクをどうぞご家庭でご利用ください。さらに緊急支給として10万円を一律で振り込みます」と書いてあったそうです。当然家族の中で買い物に行く人にとってみれば、大変助かるものであり価値が高いものです。また在宅勤務が始まり、残業もなくなり給料の心配や今後の心配も含め、このお金のおかげで安心したようです。

これらの施策によって、社長宛てに家族からのお礼の手紙やメールがたくさん届いただけでなく、従業員の会社へのロイヤリティーが上昇し、その結果、離職率も下がり、勤務年数も増えそうとのことです。これはSCSKから、従業員含めその周りにいる家族全員の健康と生活を守るというシグナルを送ったことになったのです。これらによって、家族は会社をさらに好きになったのではないでしょうか。さらに働いている従業員が退職の意向を示した際は、「SCSKを辞めないほうがいいんじゃないか」と引き留めを提案するかもしれません。それぐらいインパクトがあるストーリーでした。

なお、このようなマスクの配布等の施策は、当時他の企業でも行われていました。しかし、SCSKほどの反響は得られていないように見受けられます。では他の企業とSCSKが大きく違う点はどこかといえば、家族を対象にしている点と、社長からタイムリーにあなたが大事、あなたの家族も大事だと伝えた、2点だと思います。健康経営は、従業員の健康を守り増進させます。しかし、その従業員の健康を一番心配し、大切にしているのは、本人ではなく、パートナーや家族、そして親だと考えます。

健康経営の対象を家族まで含めるという考え方は、後述第4節で紹介しますが、そこにも施策の価値が高まっていることがうかがえます。ほかにも、SCSKでは、働きやすい環境を目指し、会社として保育園をつくる代わりに育児補助金を出したり（その後国が全額補助）、さらに従業員の近くに、子育ての手伝いで親が引っ越してくる際は、親の引越代も負担する制度をつくりました。結局この制度はほとんど使われなかったそうですが、「そこまでやるか？」と感じました。そしてこれらの施策によって、会社が本気で従業員を大切にし、長く働いてほしいと考えていることが伝わったのではないでしょうか。

第２節　STEP1～3

■守破離という健康経営

2015年の顕彰制度開始から9年が経過し、徐々にではありますが健康経営の取り組みも変化、進化してきました。従来の法律に定められている産業衛生や安全衛生の延長から取り組み始めた会社も、健康投資や健康投資リターンという考え方や取り組みにおける戦略マップ[186]の作成と健康経営の認定項目の達成に向け、取り組み内容も変化してきました。さらに自社の健康経営資源を活用し、自社の社員だけでなく、家族や関係会社、地域・社会までも活性化する、健康経営度調査の項目をはるかに凌ぐ独自の目標や指標を持って、健康経営の効果を測定し、多くの成果を得ている企業も、少しずつですが現れ始めています。

最初に、とりあえず健康経営をやってみようと思い立って、健康セミナー等の取り組みを始めてしまう例がありますが、これは愚策です。とりあえず始めよう、でうまくいかないというのは、経営戦略やマーケティングの世界では定説です。有名な話に、「古代地球人が月に行くことを目標と設定した中で、櫓（やぐら）を組んで競う」というものがあります。これはどんぐりの背比べであり、どちらの櫓が高くても、決して目標に達成しないのは明白です。

一方、現代では、リーン・スタートアップ[187]という概念もあり、こちらはIT 企業を中心にとりあえずやってみて、だめなら、すぐに変更しようという取り組みを指します。健康経営は始めてしまうと、組織の変更を伴うので、経営学者アルフレッド・D・チャンドラー Jr. の「組織は戦略を伴う」という言葉のとおり、すぐに変更ができません。そういう意味で、健

186　https://www.meti.go.jp/policy/mono_info_service/healthcare/kenkoutoushi_kanrikaikei_guideline.html

187　エリック・リース（著），井口 耕二（翻訳），伊藤 穰一（解説）：『リーンスタートアップ　ムダのない起業プロセスでイノベーションを生みだす』，日経 BP（2012）

康経営は丁寧に、階段を踏んで始めていくべきです。前掲図2健康経営の取り組みサイクルを参考に、①現時点の数値の確認、そして②アンケートで従業員の考え方を把握し、シグナルを送ることから始めてください。再述すると②のアンケートの項目は、「あなたは自分の健康に問題を抱えているか」、「会社があなたの健康に介入することに応じるか」という２点となります。最初に従業員に確認しておきましょう。

個人の健康情報は、非常にセンシティブでプライバシー性が高いものです。たとえ従業員の２割からは同意を得られなかったとしても、全く不自然ではありません。健康経営で目指すべきは、残りの８割の従業員に向けた働きかけとなるからです。

「守・破・離」という言葉をご存じでしょうか？　ひたすら型を学び、その型を破り独自の境地を生み出す千利休の言葉とされますが、茶道に限らず華道や武道などあらゆる“道”を極めようとする際の３つのプロセスといわれています。今回は、健康経営の取り組みを「守・破・離」を使って解説します。

「守」は、STEP1のルールを守ることに該当します。毎年、健康経営度調査に則って、ほぼ同じことをやっているので、型と考えることができます。また制度を準備する段階のため、“コスト”が発生する可能性があります。

そしてSTEP2が「破」になります。これは投資リターンを推計することになります。企業における“投資”は、経営者の意思決定の重要な行為の一つです。つまり、工場の建設や、新しいビジネスを始める等は、経営陣の最大級の意思決定なので、健康経営度調査に則って取り組みを投資と見なしリターンを推計することは、「型≒健康経営度調査」を破ると考えることができます。そして、このリターンから企業独自の結果が得られます。

最後の「離」のSTEP3は、会社独自の健康経営に発展するので、健康経営度調査を離れて、投資リターンを推計したうえで、自社のパーパスやミッション・ビジョンを達成するために経営資源を使うことになり、新たな健康経営モデルを確立することになります。これが経営戦略になります。

健康経営における「守・破・離」取り組みの3STEPのイメージは図14のとおりです。

図14　健康経営の取り組みの3STEP

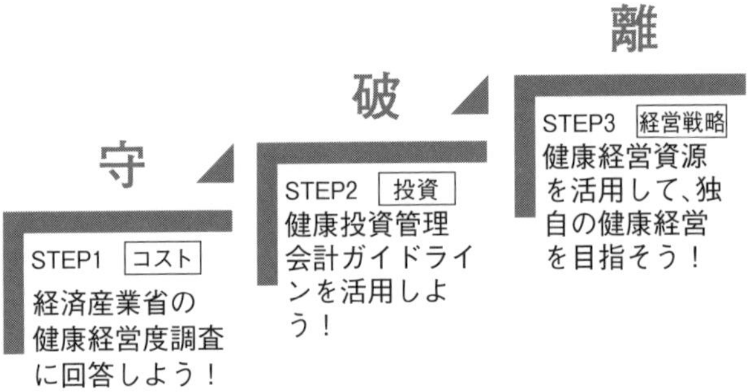

※筆者作成

まず自社がどこの位置にあるのか確認し、目指すべき姿であるSTEP3を想像してみてください。その後、健康経営資源を見つけ、自社の理念やパーパスに沿った独自の経営資源を活用した経営戦略としての健康経営を目指していきましょう。そして、健康経営はすぐに効果がでる項目と、時間がかかる項目があります。企業の目的である長期利益を目指し、自社独自の取り組みで競争優位とサステナビリティを築いていきましょう。

その前に、健康経営に初めて取り組む際は、STEP1の前の準備段階として、経済産業省等が作成している「企業の『健康経営』ガイドブック～連携・協働による健康づくりのススメ～」や、大規模法人部門では「健康経営銘柄2024　選定企業紹介レポート」[188]、「中小規模法人部門取り組み事例集（健康経営優良法人2024)」[189]を、読むことをお勧めします。これらは、健康経営とは何なのか？　効果はどんなことが期待できるのか？　から、社内の制度準備等、基礎的な内容が紹介されているからです。まだ取り組んだことがない企業は、まずはこちらを参照してください。

さらに、東京商工会議所が健康経営エキスパートの無料派遣を行っていたり、都道府県や市区町村レベルでも様々な支援を行っています。ぜひ管轄の都道府県や市区町村を確認してみましょう。他に、各都道府県の協会けんぽ等の総合健保にも、保健師や管理栄養士の派遣等の支援策があり、各都道府県には中小企業向けのストレスチェック制度の補助や産業医を派遣してくれる産業保健総合支援センターもあります。

次に、無料のWEBサイトがあります。代表的なところだと、厚生労働省の働く人のメンタルヘルス・ポータルサイト「こころの耳」[190]では、50人以上の事業所では義務付けられている職業性簡易調査表が無料で受けられたり、厚生労働省が監修している「女性の健康推進室ヘルスケアラボ」[191]では女性の健康に関わるe-learningや動画が多数無料で見れたりできます。さらに、スポーツ庁では、ビジネスパーソンのスポーツ参画人口拡大

188　https://kenko-keiei.jp/3202/

189　https://kenko-keiei.jp/3411/

190　https://kokoro.mhlw.go.jp/

191　https://w-health.jp/

を通じて国民の健康増進を図る官民連携プロジェクト「FUN+WALK PROJECT」[192]として、無料でウォーキングアプリを開放し使用できるようになっています。まずはご覧ください。

■ STEP1・2・3

具体的にはSTEP1として、毎年夏に開示される健康経営度調査を見るとよいでしょう。調査票には、多くの項目（2024年度版でアンケート含め78）があり、また関係する部署の多さに驚かれることと思います。さらに各設問項目には「●●データを取得していますか？」等の質問もあり、取り組めていないことも多々実感するはずです。

しかし、ここで諦めるのは時期尚早です。健康経営には多くの効果があり、また前述のとおりすでに多くの企業が取り組み始めています。ここで遅れをとると今後健康経営に取り組んでいる企業に比べ、イメージアップやリクルート効果等で、優位性はさらに引き離されることになるからです。

まずはできる限り早く、STEP1は多少のコストに該当することになると思いますが、健康経営度調査の回答欄が埋まるように、少しずつでも制度の整備に取り組んでいくのがよいでしょう。

また回答した経験がある企業はおわかりかと思いますが、設問に対し、回答例が4個以上開示されている場合があります。その際は、どれか一つでもよいので、全部の項目に漏れや空きがないように回答できるよう取り組み施策を設計・実行していくのがよいでしょう。顕彰制度のランキングは、一義的に、回

192　https://www.mext.go.jp/sports/funpluswalk/

答している項目数で評価されますので、まんべんなく対応できるのがよいかと考えます。

既に日本経済新聞本紙で紹介されるだけでなく、今後ビジネス書を発行している東洋経済新報社やダイヤモンド社のランキング等で、健康経営企業ランキング等の発表が見込まれています。これに掲載されることにより対外的、社会的評価を一段と受けやすくなりますので、ぜひ積極的に対応していきましょう。

STEP2として、第２章第２節 効果の測定方法や経済産業省が2020年に開示した「健康投資管理会計ガイドライン」[193]をご覧いただき、健康投資とリターンについて推計してみましょう。また戦略マップを描くことにより、自社の取り組みが、従業員レベルなのか、または組織制度レベルなのか、それとも会社の目標とする経営理念等に該当するのか、そしてそれらはどのように繋がっているまたは関係しているのかを考えることができますので、積極的に活用していきましょう。

その際は、多少強引になったとしても、ぜひ戦略マップ等で紐づけてみてください。これによって、前述第２章の多くの効果を得ていることが金額で見える化され、経営陣含め担当者も実感できるはずです。また多くの企業では、健康経営以外の戦略も実行されていますので、本当に健康経営の効果なのかわかりにくいという批判もあります。それでも構わないので、まずは、ざっくりと戦略で案分等し、推計してみることを勧めます。投資リターンの計算式は下記のようになります。

$$\text{投資リターン} = \frac{\text{効果（外的＋内的＋その他）額}}{\text{健康投資額}}$$

193　https://www.meti.go.jp/press/2020/06/20200612001/20200612001.html

分子に該当する効果については、イベントの満足度調査だけでは効果測定とはいえず、第2章で紹介したとおり、外的、内的な効果を“数値化”しましょう。ブルームバーグ前ニューヨーク市長が多用していた格言「測定できないものは管理できない」のとおりです。

そこで、今回は、上記式の分母にある、健康投資額について解説します。健康経営はJhonson&Jhonsonの事例によれば、「人件費」、「保健指導等利用費、システム開発・運営費」、「設備費」の3つが挙げられています。日本では、法律に従って産業保健に取り組んでいれば、あまり追加の費用がかからないと考えています。また健康投資管理会計ガイドラインによれば、投資には、「外注費」、「減価償却費」、「人件費」、「その他経費」が挙げられています。こちらもそれほど費用がかからないでしょう。

難しいのは、この投資が、健康経営関連なのか働き方関連なのか等、他の施策との案分かと思います。その際は、健康経営と働き方&リモートワーク改革、ダイバーシティ経営等の3つを掲げているなら、1/3で案分するのがよいでしょう。大変ざっくりした計算のため、財務の専門家からみれば暴論と映るかと思いますが、まずは推計することをお勧めします。個別に聞いた限りでは、3～10倍以上の効果が見込まれていました。

これから自社の利益やキャッシュフローの何%に該当するか計算し、経営陣に貢献度を示していきましょう。また年度だけでなく、過去から通算した投資とリターンも合わせて推計また可能であれば開示していきましょう。投資は初年度に多くなる傾向があるため単年度だと、取り組みの実態を把握していない可能性があるからです。ぜひ推計していきましょう。

STEP3として、健康経営の取り組みを自社の理念、ミッション、パーパス等と紐づけしてみましょう。その際のイメージは、前掲図３の企業経営における土台をイメージするとよいでしょう。特にパーパスと整合性を揃えるのが難しいケースがあるようです。位置づけが行われないと、従業員が健康経営だけ、別の施策や戦略として動いているように見受けられます。

さらに、自社の“健康経営資源”を洗い出してみましょう。健康経営資源については、第１章で無形資産における健康経営資源とその考え方を表１や表２で例示していますので、自社に当てはめて探してみてください。特に、自社がヘルスケア商品やサービスを保有している際は、それを積極的に活用するのがよいでしょう。

例えば2021年の健康経営銘柄に選定されたアサヒグループホールディングス株式会社は、飲料メーカーですので、グループのアサヒ飲料が抱えるカルピスブランドから免疫力を高める商品（L92[194]等）を、インフルエンザの季節に社員に配布し、インフルエンザ流行の罹患率を過年と比較し、効果を検証しています。当然、この商品自体は、自社特有の技術に基づいた商品ですから、この取り組み自体、他社が模倣することは困難になります。また商品は、自社の理念やミッションに沿ってパーパス達成のために発売されていますから、当然従来の経営戦略に合致しています。その合致している商品を使って健康経営を推進しているのですから、当然健康経営も従来の戦略に沿っていると考えられます。さらに、従業員にとってみると、理念やミッションに沿ってパーパス達成の商品を飲むことによって、

194　https://www.asahiinryo.co.jp/products/milkybeverage/mamoru_hataraku/

インフルエンザの罹患率等の減少を“体験”し、「やっぱり良い商品を売っている会社だ、良い商品をつくっている会社だ、世の中の役に立っている会社だ」と実感し、会社へのロイヤリティー等を高める効果も期待できます。

■「健康経営銘柄」からみる経営戦略としての健康経営

本項では、「健康経営銘柄」からSTEP3の取り組み事例を2社紹介します。1社目は、日本水産株式会社です。2018年から5年連続で健康経営銘柄に選定されています。

特徴は、図15中の網かけ部分にて紹介されているように、EPAチャレンジ等による魚を食べて健康に繋げることです。EPAとは、青魚に多く含まれるn-3系脂肪酸の一つであるエイコサペンタエン酸[195]のことで、循環器系疾患の予防、抗アレルギー作用、発ガン抑制作用、抗炎症作用などさまざまな生理機能の研究が進んでおり、医薬品、健康食品、食品素材など幅広いジャンルに活用されています。その中で日本水産は、EPA市場において、シェアNo1になっていると推測されます。

EPAは、日本水産が持っている固有の技術つまり経営資産と捉えることができます。また経営の基本方針には、「水産物をはじめとした資源からグローバルバリューネットワークを構築する」、「地球や海の資源を持続的に有効活用し、環境を大切にする」等があり、EPAの開発や普及販売は、経営方針と当然合致するものです。

そのEPAを活用する健康経営は、2017年に制定された「健康経営宣言」にも表れています。「(前略) 海の恵みを扱う企業

195 https://www.nissui.co.jp/corporate/rd/research/health/epa.html

図 15　日本水産株式会社の取り組み紹介

水産・農林業
1332

ニッスイ

3度目

日本水産株式会社

海の恵みに着目した健康づくりを推進
コロナ禍での「心身の健康」も積極フォロー

日本水産株式会社は、2017年に「健康経営宣言」を制定し、従業員一人ひとりが能力を十分に発揮できるようにすることはもちろん、その家族のQOL向上も見据えた取り組みを行っています。

海の恵みを扱うメーカーの強みを生かし、必須脂肪酸の一つで、青魚に多く含まれる「EPA（エイコサペンタエン酸）」を健康指標とし、健診で血中EPA濃度を測定しており、従業員のEPA摂取を促進する「EPAチャレンジ」も継続的に実施しています。健診前の時期には魚を食べて健康づくりにつなげる「おさかな食推進」、筋トレやストレッチ、感染予防などをキャンペーンに盛り込み、内容を強化しました。

経営トップ自ら禁煙宣言を行い、毎週水曜は全社で「禁煙デー」を導入。喫煙者には健診時に個別指導を行ったり、カフェテリアプランを減額するほか、禁煙外来治療への補助も行っています。喫煙率は2016年度30.5%→20年度25.3%に低下し、着実に効果が表れています。

全国各地からリモートで参加可能なオンライン健康セミナーを開催

コロナ禍で「健康キャンペーン」をリニューアル

運動・食事・禁煙・節酒などの生活習慣改善を支援する健康キャンペーンのメニューを「心と身体の健康促進」に拡充した内容にリニューアル。また、健康意識を高め、健康について考える機会を提供するセミナーを初めてオンラインで開催。テレワーク勤務制度の本格運用も開始し、個人と職場の両面からさまざまな取り組みを行っている。

出所：経済産業省ホームページ　2021 選定企業紹介レポートより[196]

として、健康的な食の提案とともに水産物由来の機能性成分を最大限に活用し、従業員と家族、さらに広くお客様にお届けすることで人々の健康に貢献します。」[197] とあり、自社の取り扱う商品 EPA 等を、自社の取り組みである健康経営に活用しようとする姿勢がうかがえます。

もう一つ特徴的なのは、「…お客様にお届けすることで人々の健康に貢献します」という一文です。健康経営は、得てして社員向けまたは家族向けの施策と捉えられている中、社会の人々の健康に貢献することが、自社の健康経営の目標に入っていることです。これは後述の第 4 節で詳しく紹介しますが、健

196　https://www.meti.go.jp/policy/mono_info_service/healthcare/downloadfiles/set_meigara_report2021.pdf
197　https://www.nissui.co.jp/corporate/philosophy/index.html

康経営の取り組みを自社内で完結するのではなく、取り組みを通して社会に貢献する素晴らしい宣言文だと思います。

このように、経営方針に沿う自社独自の技術や経営資源を使った健康経営は、模倣困難性も高く、仮に他社が同様にEPAを使った取り組みをしても、経営方針と沿うわけでもないので効果は限られますが、日本水産では健康経営の取り組みを体験した結果、健康な社員が増えることによって、経営方針を強化する正のスパイラルが発生することと思います。

2社目は、2021年に健康経営銘柄に初選定された富士通株式会社です。富士通の特徴も図16中の網かけ部分にて紹介されているように、健康経営をパーパスと紐づけ、サステナビリティの一つに位置づけ、さらに自社で開発したヘルスケアサービスを自社で活用することです。

図16　富士通株式会社の取り組み紹介

電気機器
6702
FUJITSU
初選定

富士通株式会社

CHOのもと、ヘルスケア事業に携わる部署も参加して一体推進
一人ひとりへの意識付けから取り組みの持続的発展を目指す

2017年に「富士通グループ健康宣言」を制定した富士通株式会社は、健康経営推進最高責任者（CHO）である経営トップのもと、健康推進部門や人事部門、健保組合、ヘルスケア関連事業部などが一体となって力強く取り組みを推進しています。健康づくりを企業の社会的責任に位置付け、「グローバルレスポンシブルビジネス（非財務指標）」の一つとしてKPIに設定し、持続的な向上を図っています。

社内調査で85%の社員が頭痛を自覚しており、QOLと労働生産性低下が課題となったことから、片頭痛対策として全社員対象のeラーニング、頭痛専門医によるセミナー、社内診療所の専門治療などを整備。プレゼンティーイズムの減少に向けて取り組みを進めています。喫煙対策では、喫煙者と非喫煙者がチームで禁煙に取り組むことで組織的な意識変革を促し、喫煙率は施策開始前に比べ2ポイント減少しました。こうした取り組みの推移や最新情報をまとめ、ポータルサイトで広く発信しています。

(左)全社員対象のeラーニング、(右)医師によるがんセミナーの様子

在職中のがん発症予防へ、全社員に正しい知識を提供

社員平均年齢の上昇や女性比率増加に伴い、重点項目の一つに掲げるがん対策では、全社員を対象にセミナーとeラーニングを実施し適切な知識提供や社内制度説明を行う。また、就業年代での女性社員のがん発症率が男性を上回っていることから、女性特有のがん対策にも注力している。

出所：経済産業省ホームページ　選定企業紹介レポートより

富士通グループのパーパスは、「イノベーションによって社会に信頼をもたらし、世界をより持続可能にしていく」[198]と掲げており、例えば富士通ジャパンの健康経営宣言では、「（前略）その実現に向けて、『富士通グループ健康宣言』のもと「健康経営」に取り組み、社員一人ひとりが誇りをもって、心身ともに健康でいきいきと働くことのできる持続的企業を目指します。」[199]としています。ここでも健康経営は、サステナビリティとして捉えられています。

そこで富士通は、2021年、「データドリブンな健康経営、はじめませんか？」と題し、LifeMark健康経営ソリューション[200]の提供を始めました。これは厚生労働省が管轄するストレスチェック制度のワーキンググループ座長であった東京大学の川上憲人先生[201]と共同研究で開発したサービスとなります。そしてこのサービスを自社の社員や健康保険組合向けに提供し、取り組みの成果を見える化しています。これも、自社特有のヘルスケアの知見と川上先生との人脈等の経営資産を活用した事例になります。当然、他社が本サービスを導入することはできても、パーパスが違うので独自のヘルスケアサービスをつくったり、富士通と同様の取り組み効果を得たりすることはできないでしょう。富士通の取り組みは、前述第２章のとおり、イノベーションを起こせる可能性があり、また第１章のビジネスモデルまで発展する可能性を秘めた事例だと思います。

198　https://www.fujitsu.com/jp/about/purpose/

199　https://www.fujitsu.com/jp/group/fjj/about/health/

200　https://www.fujitsu.com/jp/solutions/industry/healthcare/products/kenkoukeiei/

201　http://www.hn.m.u-tokyo.ac.jp/field/teachers/%E5%B7%9D%E4%B8%8A-%E6%86%B2%E4%BA%BA%E6%95%99%E6%8E%88/

第３節　座組／クロスファンクショナルチーム

■座組／クロスファンクショナルチームの概要

本項では、健康経営の取り組み際の座組を紹介します。健康経営の効果は、これまで紹介したとおり多岐にわたります。特に、産業保健分野だけではなく経営数値に直結するのが特徴です。

では経営に直結させるためには、測定も含めどのようなメンバーが必要かを紹介します。またビジネスモデルイノベーションを目指すためには、やはりビジネスの現場（主体者）が、本座組のメンバーに入っている必要があります。そのように考えると、多岐にわたるメンバーが必要になります。健康経営の目指す座組／クロスファンクショナルチームのイメージは、図17のようになります。

健康経営は法律で定められているわけではありませんので、取り組まなくても問題はありません。ただ取り組むのであれば、図17が最大の効果を得るための座組／クロスファンクションチームと考えています。

メンバー選定の基準は３つあります。①家族を含む社内向けの普及促進メンバー、②株主や地域を含む社外向けの発信メンバー、③効果分析メンバーです。ポイントは、小さく始めるのもよいですが、可能であれば反発を恐れず集合知を発揮できる図17のような多様性のあるチームづくりをお勧めします。

ところで多様性とは、現在どの組織においてもキーワードの一つだと思います。ここで簡単に多様性について解説すると、

図 17　健康経営の目指す座組／クロスファンクショナルチーム

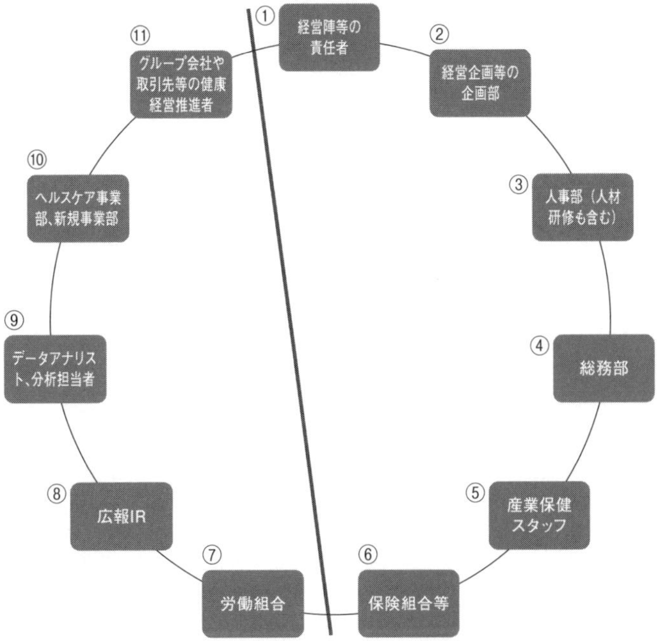

※筆者作成　ラインより右が一般的なメンバー、左側が新たなメンバー

多様性には２種類あり、一つが国籍や男女、年代等の人口統計学的多様性、もう一つが物の見方や考え方が異なる認知的多様性です。特に、認知的多様性は競争優位を勝ち取るうえで最も重要なカギの一つといわれています。メンバーには、この２つの視点、人口統計学的多様性と認知的多様性の両方を達成する構成が好ましいと考えられます。このように３つの選定基準×２つの視点でバランスをとるという考え方がよいでしょう。例えば、20～60代までさまざまな年代がメンバーとして参加し、男女比のバランスがとれ、参加者のそれぞれの専門的知識を活

かした構成となります。

よくありがちなのが、産業保健スタッフや人事部等の特定のメンバーだけで健康経営が推進されるケースです。これでは、手法も効果も限られます。代表的な現象に、エコーチェンバー現象（同じ意見の者同士でコミュニケーションを繰り返し、特定の信念が強化される現象）があります。また認識の壁も存在し、自分の見える範囲で意思決定をしがちです。これでは、今まで紹介してきたようなさまざまな効果があったにもかかわらず、それを測定＆実感することはできません。

■メンバーの必要性とその担当

それでは具体的にみていきましょう。まずは健康経営度調査にもある責任者である経営者等が①として存在します。経営陣がコミットし推進しない限り成功はあり得ませんので、取り組み成功の土台となります。②として経営企画等の企画部署が必要となります。理由は自社のパーパスや企業理念を揃えるのと、経営に直結する指標を測定するためです。③に必要なのが人事部です。これは人材開発の側面からも必要です。また人事評価の制度設計においても必要だからです。④に総務部も必要となります。こちらは後述第５節の介入方法で紹介しますが、任意と強制、特に強制において職場環境の整備が必要だからです。そして当然ながら⑤に産業保健スタッフが必要です。健診データやメンタルヘルスケア結果等から介入するときに、直接またアドバイスをもらうためです。そして⑥に大企業であれば自前の健康保険組合、また中小企業であれば協会けんぽ等の組合も必要です。こちらは厚生労働省が推奨しているデータヘルス計画と両輪となってコラボヘルスを実現するためにも、これらのデータが必要となるからです。また介入する際も、企業で行うまた保険組合で行う等、漏れ・ダブりなく共同で進めていくためにも大切です。さらに、グループ会社で健康経営の施策に介入するために、保険組合を経由したほうが伝えやすいケースもあります。

ここで一点苦言を申し上げるとすれば、厚生労働省が保険組合等に返している健康スコアリングレポート[202]（データヘルス）の仕様は、経済産業省が主導している健康経営度調査のフィードバックシートと揃っておらず、大変見にくいものになっていることです。どちらも経営陣に対し社員の健康等を報告&説明することが求められています。この揃っていない問題は、経営者や担当役員からも、社員の健康という共通の領域にもかかわらず、シートが整理できておらず指示等でダブり等が起きやすいとよく聞きます。どちらも大切ですので、政府が官庁の縦割りの組織の壁を取り払って仕様を揃えてもらったほうが、企業にとってどちらも進めやすく、結果的にコラボヘルスも推進できます。ぜひ一度ご検討いただきたいと思います。

次に、取り組み関係部署と主な担当は次ページ表16となります。

上表で二重線より上（①～⑥）が、前述した一般的な健康経営の主体とするメンバーになると思います。それ以外に多様性を得るために、新たに加えてほしいメンバーは、二重線より下になります。

まず⑦社内浸透のために労働組合メンバーの参加が必要で

202　https://www.meti.go.jp/shingikai/mono_info_service/kenko_iryo/kenko_toshi/pdf/003_s01_00.pdf

表16　健康経営推進者メンバーの役割

関係部署	主な担当
①経営者・役員	責任者として
②経営企画部等	経営指標との紐づけのため
③人事部	人事評価等で普及のため 人材開発等のコラボレーションのため
④総務部	分析と職場環境への介入のため
⑤産業保健スタッフ	分析と人等への介入のため
⑥保険組合等	健康診断結果からコラボヘルスや家族への介入のため
⑦労働組合等	介入のため
⑧広報IR	統合報告書等で株主や地域へ メディアに対し、イメージアップやリクルート効果を得るほか、ブーメラン効果で、エンゲージメントやロイヤリティーを得るため
⑨データアナリスト&分析担当者	行動データの分析のため
⑩ヘルスケア事業部（グループ会社を含む）や新規事業開発部	会社独自の施策や新商品・サービス開発のため
⑪グループ会社や取引先等の健康経営推進者	健康経営の社会への普及へのため

※筆者作成

す。労働組合がなければ労働者の代表者を入れてください。施策への参加具合も含め感想等伺うことができるからです。また社内への浸透においても重要です。次に、⑧戦略広報の意思を持っている広報IRが必要です。次節で紹介する統合報告書等での株主への説明やインターナルマーケティング（社内浸透）、また第2章のとおりメディアを通して外部効果を得るためにも、さらに地域におけるCSR活動の広報においても必要です。これらが企業から複合的に、重層的に発信できることによって、会社のブランド認知度が向上したり、リクルート効果が得られたりします。MUSTで参加してもらいましょう。

そして⑨データアナリストや分析担当者も配置しておきたいところです。こちらは健康診断データやアンケート等のデータ、そして健康経営の結果として一番多くなる行動データが測定され蓄積されていくからです。これらのデータを分析することによって、従業員への社内浸透にも使えますし、今後経済産業省から身体だけでなくさまざまなデータの開示が求められても、対応することができるでしょう。

前述のとおり2021年度健康経営度調査から、ワークエンゲージメントの測定やプレゼンティーイズムやアブセンティーイズムの測定が求められました。将来的には第2章のとおり、組織の活性度やヘルスリテラシー、幸福度、心理的安全性、やりがいや働きがい等が求められてくる可能性があります。これらはすべて数値化できるようになっており、このデータの分析、そして次の施策のためにも、アナリスト等の分析または最低限検定等ができる担当者が必要と考えられます。

次に、⑩自社でまたグループでヘルスケアサービスやモノ（商品）を持っているようであれば、そのヘルスケア事業部メンバーを、ヘルスケア事業部がないようであれば新規事業開発部をぜひ加えてください。これによってSTEP3自社独自の健康経営へと昇華できるからです。ヘルスケアに関わらないビジネスを展開している企業も多いですが、今企業で新規事業を考えた際、本『変貌するヘルスケア業界―あらゆる企業がヘルスケア事業者に』のとおり、ヘルスケアは外せない領域となるでしょう。また健康経営は、これまでの説明のとおり、日本で順調に取り組みが拡大しています。それに伴い市場も立ち上がってきています。さらに何度も紹介しているとおり健康経営度調査は食事、運動等を始め幅が広く、それに貢献するサービスや商品をつくること自体は難しくないと考えます。ということで、健康経営に取り組む企業が増えている現状で、新たなイノベーションやビジネスモデルを創出するためにヘルスケア事業または新規事業の担当者も参加することをお勧めします。

最後に、⑪グループ会社や取引先の健康経営推進者もメンバーに入れたらいかがでしょうか？　対象を自社の社員だけに絞る時代は終わりました。詳細は次節で説明しますが、家族や株主、地域、そして取引先等も巻き込んだ健康経営が、これから求められています。ぜひ、多様なステークホルダーも座組／クロスファンクショナルチームに参加いただき、まだ見ぬ多くの効果を実感していきましょう。

■推進担当者に必要とされる能力

企業の健康経営推進担当者には、著名な方が多くいます。例えば、丸井グループの小島玲子[203]氏やフジクラの浅野健一郎氏（退職）、富士通ゼネラルの佐藤光弘氏、SMNの松本裕文氏（退職）、ワコール健康保険組合の柏木裕之氏等です。企業において、ウェルネスな状態で働くことが組織と人々の幸せに繋がることを信じて、経営者を説得し行動に移せるようなキーパーソンの存在の有無は大きいと思います。そして読者にとっては彼らが特別な存在に映るかもしれません。しかし健康経営に本

203　https://www.0101maruigroup.co.jp/ci/officer/

気になるきっかけは、意外と身近なところにあるものです。私も、以前に勤めていた会社で、1年で100人ほどの社員がメンタル不全に陥っていた組織の状況を目の当たりにして、このままでは会社も日本も未来がないと感じたのがきっかけでした。

同じように、日々仕事をしながら健康やコンディションの重要性や会社や社会の将来を真剣に考えている人が、組織の中に必ず一人はいるはずです。「そんな人はうちの会社にいない」と経営陣が本気で思っているとしたら、残念ですが従業員と向き合えていないと言わざるを得ません。よく観察すると、従業員サーベイ等で欠かさず建設的な意見を述べたり提案したりする人、全社プロジェクトに積極的に参加する人たちがいるはずです。健康は一人ひとりに密接していますので、健康経営ならぜひやりたいと手を挙げる人がいます。そうした熱い気持ちを持った担当者を組織から発掘することから始めてみてください。

そして最近では、多くの企業で健康経営推進担当者を公募しているようです。最近お会いする健康経営のご担当者は、病気になり死の淵をさまよったり、がんになりがんサイバーとして復活したりする経験から、また同僚がそのような状態になり、健康が大切な資産であると実感し強い意思を持って普及推進しているケースが見受けられます。もちろん産業保健スタッフも、職業柄健康等に対し使命感を持って取り組んでいます。しかし今でも、少数ではありますが、やらされて仕方なく健康経営を担当している方も見受けられます。担当者の活動一つで、元気でいきいきする、あるいは病気で失う仲間が一人でも減る可能性があるというのに残念であり、もったいないと思います。

ジム・コリンズの言葉に「偉大な企業の経営者は、（中略）まずはじめに適切な人をバスに乗せ、不適切な人を降ろし、その後にどこに向かうかを決めている。」があります。これを健康経営に当てはめると、まず健康経営の運営に適切な人に参加してもらうことになります。つまり前述のとおり健康やコンディションに対し熱い気持ちを持っている従業員を探すことや公募等で参加意思を確認することから始めてみてはいかがでしょうか。

そして、社内普及にあたって「トップダウン型かボトムアップ型かどちらがよいか？」と聞かれることがありますが、これは「問い」の設定自体が間違っています。なぜなら相反するものではなく、両立するものだからです。理想的には、トップダウンで始まりボトムアップで完結するのがスムーズですが、そのようにならず担当者の熱い思いから始まり（ボトムアップ）、その後トップダウンを経由して成功している事例も多くあります。大切なのは、どちらも必要だということです。

私の体験によると、健康経営推進担当者向けセミナーに登壇すると、「経営陣が取り組みに乗り気ではありません。どうしたらよいでしょうか？」との質問を100％の確率で受けます。一方、経営者向けセミナーに登壇すると「社員に指示をだしても動いてくれない、どうしたらよいか？」との質問を、こちらもほぼ100％の確率で頂戴します。つまり、どちらかが課題で悩んでいる企業が多いという現実です。コミュニケーションの不足と片づけることもできるのですが、サラリーマン時代の経験からボトムアップ型は特に難しいと感じています。

そこでボトムアップ型の対応策としては、健康経営等の情報を逐一経営陣に上げるのとタイミングを待つの２点が肝要かと考えます。タイミングとは、悲しいかな役員ががんや喫煙による健康被害が起こり、健康を見直す“時”となります。そうしたタイミングで健康経営を開始する企業を多く見てきました。健康経営の取り組みは流行っていますので、経営陣には、同業他社比較でも、メディア経由でも、さまざまな情報が入る＆目にするきっかけがありますので、時（タイミング）を待ちましょう。

次にトップダウン型の対応策は、基本として機会あるごとに従業員の健康が大切であるとのシグナルを発信するほかに、推進担当者を公募するのがよいでしょう。熱い気持ちを持つ従業員が見つかれば、そしてその担当者をしっかりとフォローしていけば、担当者が“勝手”に推進してくれるはずです。また担当者が見つからない、公募ができないのであれば、先にメディアに宣言するまたは取材してもらうのはいかがでしょうか。従業員に対して不退転の決意であるということを伝えることができますし、第２章のとおり多くの効果が期待できるからです。トップダウン型では、組織を中から外から揺さぶって、従業員の意識を変革していきましょう。

これと同様に、「手挙げ式（任意）か順番（強制）のどちらがよいか」と問われることも多いです。これもやはり「問い」の立て方が間違っています。施策によって、任意がよいケースと強制でもよいケースがあり、詳細は後述第５節の介入方法で説明します。結論としては、ハイブリッドで行う必要があるということです。

本項最後に、健康経営推進担当者には、スターは必要ないですが、新たな健康経営推進施策を広めてくれる伝道師の役割を進んで担ってくれるリーダーは必要だと考えます。また支配型リーダーは特に必要ありません。なぜなら健康経営には基礎はあっても、これという正解がないからです。ぜひリーダーとなって、健康経営の推進に邁進してください。その際、専門家の意見が必要であれば、いつでもご連絡ください。正解は持っていませんが、他社の事例や捉え方や分析の仕方等は紹介できます。本書を手に取ってくださった皆様には喜んで回答させていただきます。

第4節　従業員から家族、株主、地域へ

■一般的な企業内対象者

本節では、健康経営の対象者（社）を紹介します。健康経営というと企業の取り組みですが、従来の社内向けから、今日では家族やグループ会社を対象にするように範囲が広がっています。また社外として、株主や地域、さらに取引先まで対象範囲が拡大しています。もちろん、健康経営に初めて取り組む際は社内向けからとなりますが、将来的には関係者含め社外向けも視野に入れて取り組んでいければ、多くの効果を実感できることでしょう。イメージは図18のようになります。

前提として、これら社内3つの層に共通して、産業保健スタッフからの健康診断や面談等の法律で定められている一般的な介入はあるものとします。もう一つ、社内浸透において重要なのは、インターナルコミュニケーションです。インターナルコミュニケーションとは、組織内における広報活動のことで、従業員の知識、態度、行動に体系的に影響を及ぼすコミュニケーション行動を計画的に行うこととされています。これが広報IRの仕事の一つとなります。たまに外部への発表や取材対応等のみを専門としている広報IRもありますが、それだけでは

図18　健康経営の対象者（社）とコミュニケーションの代表的な手法

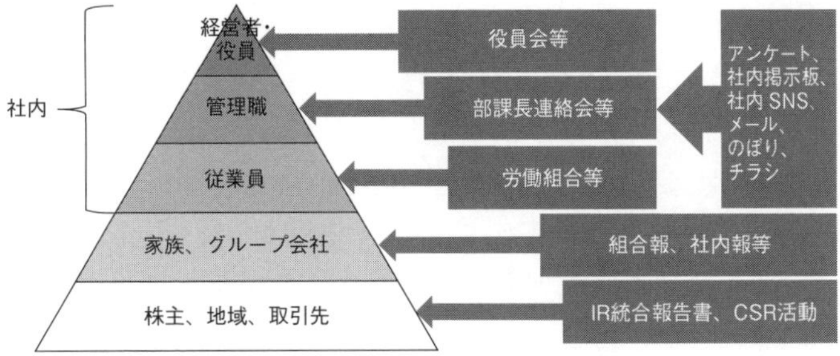

※筆者作成

もったいです。外部へ広める手法を使って、企業内部へも、健康経営の取り組みや普及を周知・促進していきましょう。

具体的に階層別にみていきましょう。まずは役員に対しては取締役会等の役員会があります。健康経営では、役員以上の責任者を置くことになっていますので、この役員会（2022調査票から取締役会での健康経営に関わる議題等を回答に追加）等で、健康経営の進捗等が議題になり管理していくことになります。

次に、管理職や部課長研修会等での連絡会があります。一番忙しくて、かつ浸透において重要なポジションにいるのがこの層と考えられます。取り組みの浸透に苦心しているのであれば、この管理職等に対してさまざまなアプローチ手法をとり、そして理解させ、支援することが大切です。第2章のとおり、ミドルマネジャーこそが日本的企業においては重要であり、管理職研修等でウェルネス（健康）キャリアも含め、しっかりと健康経営マネジメントを伝えていきましょう。

さらに一般の従業員に対しては、労働組合を介しての告知や介入の手法が考えられます。この層は、周りが取り組んでいるから等の理由で取り組むケースも多いようです。ぜひ社内で声（影響力）が大きい有名人を巻き込んでいきましょう。

ここで面白い事例を２つ紹介します。一つ目は、オムロン ヘルスケア株式会社では社員向けの告知手法に“のぼり”を活用しているという事例です。“のぼり”は、小売店が店頭で用いる一般的な販売促進手法となり、地域やエリアを絞った活動の際に使われることがあります。

そこでオムロン ヘルスケアでは、健康経営の血圧測定月間の際、社員出入り口にのぼりを多数設置することによって、血圧計の前に通路をつくり、従業員の測定を促していました。写真で見たのですが、ある種巨大迷路のようでした。しかしこれでも100％の参加者ではないと聞いたので、のぼりの通路をどうすり抜けたのか、忍者でもいるのかと不思議に思った次第です。また管理職のPC上にも、ミニのぼりが置いてあり、こちらでも血圧測定月間中は置いておくルールとなっているそうです。部下が上司に相談報告に行く際は必ず話題になるようで大変面白い取り組みでした。

コロナ禍を経てリモートワーク等が多い今日では難しいかもしれませんので、管理職がリモートワークで使える壁紙をつくり配布するのはいかがでしょうか？　これで、管理職と打ち合わせする際は、健康経営の取り組みの告知ができそうです。普及においては、「目に見えるものこそ真実である」が正しい考え方になりますので、ぜひ目に見える形で告知していきましょう。

もう一つの取り組みが、株式会社富士通ゼネラルの“健康いきいきワールド・カフェ”です。ワールド・カフェとは、その名のとおり『カフェ』のようなリラックスした雰囲気の中で、少人数に分かれたテーブルで自由な対話を行い、他のテーブルとメンバーをシャッフルして対話を続けることにより、参加した全員の意見や知識を集めることができる対話手法の一つとなります[204]。

富士通ゼネラルでは、さまざまな年代や役職、部署を混ぜることによって、最初は一つの部署で、その後全社員を対象に開催しているそうです。結果、「気づき」を得るだけでなく、他部署とのコミュニケーションが図れ、イノベーションの可能性が高まっています。テーマとなる「問い」には、10年後の富士通ゼネラルとは等、将来を設定しているそうで、対話の中では、必ず若手から健康や働き方について提議されるそうです。この取り組みは、社内の３つの層にまとめて告知でき、また多様性が維持され、結果目線を揃えることができる素晴らしい取り組みだと思います。ぜひ御社でも取り入れてみてはいかがでしょうか。

■家族、グループ会社向け

次に家族向けに対しては、これまでは所属している保険組合からの年１回の扶養者向け健康診断の案内くらいしか、アタッチメント機会＆コミュニケーション方法がありませんでした。また健康経営においても同様で、健康診断の受診勧奨ぐらいしか実施されてこなかった経緯があります。よって扶養者の健康診断受診率は低く、健康経営においても一つの課題と考えられ

204　アニータ・ブラウン／デイビッド・アイザックス／ワールド・カフェ・コミュニティ（著），香取　一昭／川口　大輔（翻訳）：『ワールド・カフェ　カフェ的会話が未来を創る』、ヒューマンバリュー（2007）

てきました。

しかし直近では、企業が「健康白書」を作成し、社外に発表するだけでなく、従業員や家族向けに配布する例が増えてきました。健康白書とは、法定開示で要請されている文書ではなく、健康経営の取り組みや成果を年1回まとめて発信する、広報手法です。

大和総研によると「白書のボリュームはさまざまだが、概ね10数頁前後、そのコンテンツは似通っており、代表者の挨拶に始まり、健康経営についての方針やビジョン、推進体制、健康経営の全体的な取り組み、健康に関するKPIの経年変化、社内での個別取り組み施策の紹介、健康経営への自社の取り組み年表、となっている」[205]とのことです。ほかに特徴としては、多くの企業がサステナビリティ（持続可能性）を掲げている点です。そういう意味でも、健康経営がサステナビリティ戦略の一つと位置づけられていることがうかがえます。主な企業の健康白書は、表17のとおりです。

少なくとも上掲企業は対外的に発表できる内容の健康経営に取り組んでおり、また従来はホームページ等に健診受診率や喫煙率を開示するケースが多い中で、従業員やその家族に対しても冊子として配布することで、企業からどうしても伝えたい内容（社員が大切）であると判断することができます。社外への取り組みの報告としても大変よい取り組みだと思いますし、さらに家族まで配布することは、従業員の健康を一番案じているパートナーや家族を安心させ、また結果的にロイヤルティーを

205 https://www.dir.co.jp/report/consulting/health-strategy/20220217_022842.pdf

表 17　主な企業の健康白書

1	味の素グループ健康白書 2023 年版	https://www.ajinomoto.co.jp/company/jp/aboutus/pdf/ajinomoto_nutrition_whitepaper.pdf
2	ANA グループ 健康白書 2023 年度	https://www.ana.co.jp/group/csr/human_resources/health_care/pdf/ana_report.pdf
3	サントリー 健康白書 2023	https://www.suntory.co.jp/company/csr/soc_healthmanage/pdf/suntory_HW2023.pdf
4	健康白書 2023（博報堂）	https://www.hakuhodo.co.jp/uploads/2023/10/2023kenkohakusho.pdf
5	富士通ゼネラルグループ 健康白書	https://www.fujitsu-general.com/jp/health-productivity/index.html
6	古河電工健康白書 2023	https://furukawaelectric.disclosure.site/ja/themes/132
7	ニトリグループ健康白書 2023	https://www.nitorihd.co.jp/sustainability/materiality06/pdf/data_m06_12.pdf
8	日本郵政グループ健康白書 2023	https://www.jp-bank.japanpost.jp/aboutus/press/2023/pdf/pr230613_03.pdf
9	ローソングループ健康白書 2023	https://www.lawson.co.jp/company/activity/social/employee/pdf/kenkohakusyo2023.pdf

※筆者作成

高める効果が期待できます。こちらも第２章で紹介したブーメラン効果と同様の効果を得ることができます。

またこのような取り組みはぜひ開示していただきたいと考えます。なぜなら、内定者の親御さんが見ているからです。第２章のとおり、「オヤカク」を得てリクルート効果を得るためにも、大変重要な要素です。後述の株主にも届きますので積極的に開示、アプローチしていきましょう。

次に、グループ会社や関係会社も対象に巻き込みましょう。

現代の健康経営の取り組みは自社1社に留まるものではありませんし、健康経営資源という面でみれば、グループで取り組んだほうがヘルスケア事業も含め多く、またそれ以上にリクルート面等でも多くの成果を得ることができます。さらに可能であれば、次項で説明しますが、取引先も巻き込んだほうがよいでしょう。これらは、グループ全体の評判を得るだけでなく、そのまま地域の健康にも貢献できます。ぜひ対象に加えて、時には支援し、また互いの健康経営資源を補いながら、グループ独自の経営戦略としての健康経営に取り組んでみてください。

■株主・地域・取引先向け

次に社外の対象者について考えてみます。健康経営の取り組みは、上場企業で1,000社を超え、現在株主にも認められている経営戦略になります。株主の代表的な例に、投資ファンドがあります。こちらは後述第4章のESG投資においても説明しますが、一般的に投資する際に環境経営や健康経営に取り組んでいる企業のほうが、これらに取り組んでいない企業よりも投資を受けやすくなるという事実があります。

また投資家からみれば、ESG投資は、サステナビリティ（持続可能性）戦略→結果株価パフォーマンスが高い可能性になります。株主は企業において利益が出ていなければその会社には投資しない、つまり株は持たないでしょう。その中で企業が健康経営に取り組んでいて、株を持ってもらっているということ自体が、健康経営を認めているとも考えられます。ぜひ株主に対しても有価証券報告書や統合報告書、アナリスト向け説明会で健康経営を説明してください。ちなみに統合報告書とは、野村證券によると「企業の売上や資産など法的に開示が定められた財務情報に加え、企業統治や社会的責任（CSR）、知的財産などの非財務情報をまとめたもの。欧米を中心とした海外機関投資家が投資の際、企業の社会的責任を重要視し始めたことを契機に、海外の企業で財務情報と非財務情報をまとめて発行するようになった。」とあります。つまり、健康経営は、非財務情報ながら株価に少しでも影響を与えると考えるなら、開示する必要があるということです。

健康経営が会社の基盤になっていることを伝えれば、株主やアナリストも、企業がサステナビリティを持つだけでなく競争優位を持っていると判断し、安心して投資することができます。そして代表的な統合報告書に、丸井グループの「共創経営レポート（統合レポート）」[206]があり、健康経営の取り組みを株主等に対し紹介しています。またこちらも後述しますが、人的資本経営の流れから、金融商品取引法で規定されている外部への開示資料である有価証券報告書において、人的資本の開示が、2023年４月から求められました。サステナビリティの開示の中で健康経営を有価証券報告書等で報告しており、今後も増えていくことでしょう。

次に、地域について考えてみます。健康経営は企業内で完結している取り組みですが、地域でも今大変注目されている取り組みになっています。前述のSTEP3でも説明したとおり、企業が持っている健康経営資源を地域に還元する動きが始まっています。これは企業においてはCSR活動になります。健康経営とCSRの関係は、後述第４章にて詳細に説明しますが、簡単に紹介すると、株式会社ワコールの京都保健室の取り組みが

206　https://www.0101maruigroup.co.jp/ir/lib/i-report.html

該当[207]します。

京都駅前の利便性が高いワコールのビル１階で2018年に開催されたこの取り組みは、京都市民であればだれでも利用できるのが特徴の一つでした。また、乳がんやワコールが取り組んでいるピンクリボン活動[208]の紹介も行っています。つまり女性の健康について学ぶことができる保健室になっていたのです。この活動は、ワコールが持っている健康経営資源を、京都市民のために還元していると捉えることができます。逆に、京都市からみれば、京都市民のため、地元の一企業が、ヘルスリテラシー向上や乳がん啓蒙に貢献してくれていることになります。ほかに、企業が雇っている産業医や保健師または施設を活用し、オフィス開放デー等で、地域住民への無料相談や健康診断支援等が考えられます。

このように健康経営の取り組みが、地域の健康に貢献することになるのです。また地域からみると、健康経営企業が増えることは、健康経営の健康診断受診率100％のため、何度か紹介しているとおり健康診断受診率の向上でメリットになります。またその従業員は健康経営でヘルスリテラシーを高め、その後退職して地域に戻った際も、地域医療費の削減可能性にも貢献できるのです。地域からもメリットが多いため、健康経営企業を増やそうとする地方自治体は増えてきています。

さらに、取引先も対象となり得ます。例えば、川中の医薬品の卸企業が、川上の製薬会社や川下の地域のドラッグストアチェーンを、自社やグループで保有している健康経営資源を活

207　https://www.wacoal.jp/studyhall/event/kyoto-hokenshitsu.html
208　https://www.j-posh.com/

用して支援することが考えられます。これは、川上（資源・原材料）、川中（製品開発・製造）、川下（マーケティング・製品販売）というバリューチェーンの概念[209]となります。もちろん川上の企業が、川中の卸企業や、川下の小売企業を支援してもよいですし、またその逆もしかりです。さらに不足しがちな健康経営資源を、連合を組んで補い合い、一緒に健康経営に取り組むなども考えられるでしょう。

どこまで健康経営資源を活用やシェアするかは、持っている量や会社のビジョン、パーパスによりますが、有形無形を問わず、さまざまな関係を持つツールとしても活用することができるということです。そのように考えると、健康経営の取り組みを自社内で閉じておくのはもったいないことです。ぜひさまざ

図 19　健康経営資源をツールとした際の考え方

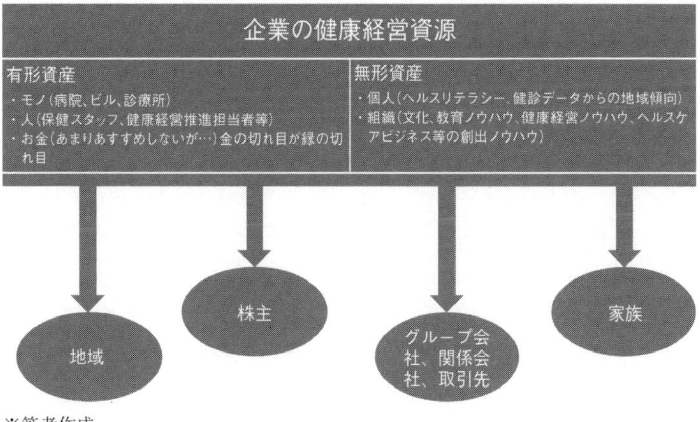

※筆者作成

209　M. E. ポーター（著），土岐 坤（翻訳）：『競争優位の戦略　いかに好業績を持続させるか』、ダイヤモンド社（1985）

まなステークホルダーも対象に、健康経営に取り組んでみてください。その際は、健康経営の取り組みによって蓄積された健康経営資源を活用していきましょう。

本節の最後に、健康経営資源をツールとした対象のイメージは図19のようになります。

第5節　介入方法

■オフィス内向け

介入の一般的な方法には、ポピュレーションアプローチとハイリスクアプローチがあります。有病と診断された場合は、当然ながら産業保健スタッフからの介入が入り、治療となります。それ以外の方法となるハイリスクアプローチとして、近い将来治療が必要になる可能性が高い人々の集まりを対象とした介入となります。例えばメタボリックシンドロームの項目（腹囲男性85cm・女性90cm以上で、かつ血圧・血糖・脂質の3つのうち2つ以上）で、メタボリックシンドロームとは認定されないが、腹囲と血圧が高く、あと血糖と脂質の内一つ引っかかると対象となる群などが想定されます。メンタルでいえば、ストレスチェック制度の結果高ストレス者だけれども、面談を希望しない群などです。この群に、積極的な介入をすることによって医療費の支出を未然に防いだり、現在かかっている医療費を下げることが可能になります。

次にポピュレーションアプローチとは、ハイリスク層を含む発病には至らないものの健康な状態から離れつつある未病の状態、そして健康状態である従業員全体を対象とし、健康増進施策の主な対象となります。

基本的には、ハイリスクアプローチとポピュレーションアプローチのハイブリッドの介入になりますが、その際に気をつける点が個人のヘルスリテラシーです。よく起きる現象に、健康イベントやウォーキング等を開催した結果、会社側からすると参加してもらいたい層（ハイリスク層）が参加することなく、もともと健康である層やさらにヘルスリテラシーが高い層が積極的に参加してしまう事例です。この場合、アンケート結果だけをみると、満足度が高いのですが、もともと元気でいきいきとしている社員ばかりなので、これでは健康増進のイベントを行っても効果は薄くなるでしょう。

ではどうすればよいかというと、ヘルスリテラシーの高低を理解し、ヘルスリテラシーが低い層（多くはハイリスク層）も参加できる仕組みをつくるべきなのです。例えば毎朝出社時は、エレベーターを使わないで階段を昇ることや、上２階・下３階の移動はエレベーターを使わずに階段を使う等が考えられます。また社員食堂等があれば、多くは利用率が95％を超えるそうですから、健康に資する栄養バランスの取れた食事の通称で、「健康な食事」に関する認証制度であるスマートミール[210]や、野菜や魚を多くとるメニューを用意したり、そのメニューを割引等したりするなどが考えられます。これらをまとめると図20のような概念になります。

解説すると、左側の三角形は、健康診断結果からの健康状態分けとなります。上段が治療が必要な層、中段がハイリスク層、下段がこれらに該当しない層になります。一般的に、ハイリス

210　https://smartmeal.jp/smartmealkijun.html

図20　対象群の分類と介入について（健康状態、メンタル、ヘルスリテラシー）

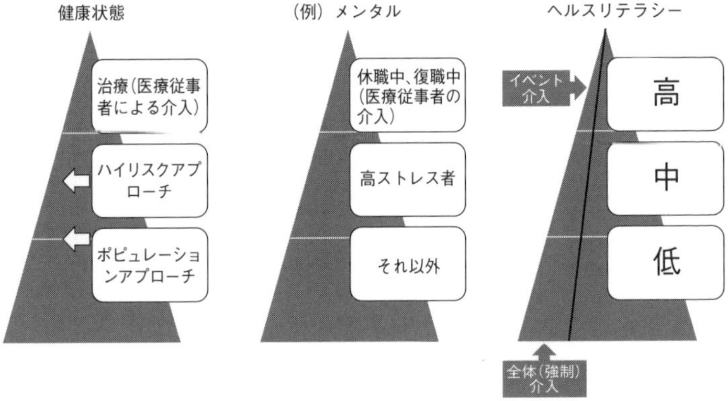

※筆者作成

クアプローチの介入を行うと、医療費の削減が期待できるといわれています。まず従業員の健康状態に応じた分類を行ってみましょう。

次に中央の三角形は、メンタル状態での分類です。身体とメンタルはリンクしていますのでメンタルを健康状態に含めてもよいのですが、確認する手法（健康診断とストレスチェック制度）が違いますので、今回はわかりやすくするため別にしました。上段が、休職中や復職中で医療従事者からの介入が必要となる層です。中段が、高ストレス者層です。下段がこれに該当しない層になります。中段の特に面談を希望しない高ストレス者層に対しどのように介入するかが課題となります。その際は、ポピュレーションアプローチも含めながら施策を考えていくとよいでしょう。そしてこれら２つの三角形は、産業保健スタッフや健康保険組合が持つ、数値データが「モト」になります。

右側の三角形は、ヘルスリテラシーでの分類になります。左側は法令に則って取り組んでいれば数値化されますが、右側のヘルスリテラシーは、従業員からのアンケート（CCHL 等）で取得しない限り数値化されていないものになります。前述のとおり、健康イベント等を実施すると積極的に参加するのが、上段のそもそも健康に対しアンテナが高く、自分の健康に気を遣っている、ヘルスリテラシーが高い層となります。これでは意味がありませんので、ヘルスリテラシーの低い層も含めて、強制的に参加させる仕組み、またはヘルスリテラシーが低い層こそ積極的に参加できる健康イベントや仕組みを用意すべきでしょう。例えば、オフィス内のマッサージやリラクゼーションルームは体を動かさずに済むので、ヘルスリテラシーが低い層も積極的に利用すると考えられます。

■任意と強制

もう一つ介入において大切な点が、先ほどのウォーキングイベントの際にも紹介した“任意”と、対義の“強制”の２点です。健康経営に関わるイベントを開催すると、多くのイベントが、業務に該当しないため、従業員に対し“強制”しにくく“任意”になると思います。しかし上述のとおり“任意”は、そもそもヘルスリテラシーが高い層の参加が多くなります。

“任意”は、メリットとして緩く参加しやすい、デメリットとしてヘルスリテラシーが高い層が多くなり、企業が対象とする層の参加者が少ない、また参加者の総数が少なくなる可能性がある、などが考えられます。

“強制”では、メリットは全員参加のためヘルスリテラシーに依存せず対象層も参加し、期待される成果を得られる可能性が高い。デメリットは、ヘルスケアまたは健康に関わる事業を業務として提供している会社以外では、なぜ強制されるのか理解に苦しみ従業員の反発が予想される、などが考えられます。介入等の施策の際は、デメリットが少しでも解消されるように設計するとよいでしょう。例えば、BMI値を改善させるために、ウォーキングがよい施策と設定した場合、イベントだと“任意”になりがちですが、毎朝出勤した際、週1回は階段でオフィスのフロアまで行くとか、晴れていれば一駅手前の駅から歩いて通勤する等と制度設計した場合は、“強制”になります。

“任意”と“強制”を使い分けることが大切ですが、その際さらに対象群を「個人」と「職場環境・システム」に分類するとわかりやすくなります。ちなみに「職場環境・システム」は有形の経営資産になります。具体的には、表18をご覧ください。

表18　任意と強制×従業員個人と職場環境・システム

対象群	任　意	強　制
従業員個人	健康関連イベント 自転車通勤等	健康診断 メンタルヘルスチェック
職場環境・システム	食堂やフードデリバリー 健康関連施策の入力	空調・明かり、オフィス家具 サイネージ、社内掲示板等 健康関連施策の自動収集

※筆者作成

では、ここで全体への強制介入で成功した事例として株式会社タニタを紹介します。タニタでは、働き方改革とセットで、健康経営において業務命令＝強制で介入し、体重等が減り、医療費が1割削減でき[211]、2013年には厚生労働省主催の、健やかで心豊かに生活できる社会の実現を目指し、健康増進・生活習慣病予防推進について優れた取り組みを行う企業・団体・自治体の表彰を行う「健康寿命をのばそう！アワード」[212]において、〈生活習慣病予防分野〉で厚生労働大臣賞を受賞しています。タニタは、いわずと知れたヘルスケア企業で、体組成計やタニタ食堂[213]等で健康に関わる商品やサービスを多数社会に対し展開しています。ビジョンでは「私たちは、世界の人々が健康習慣によって自らの可能性を広げ、幸せを感じられる社会を目指します。」[214]を掲げており、自分たちが健康習慣の改善等に対し正しい、また良いものだと思って販売していますので、当然自分たちで体験しても、問題はないはずです。導入時には多少の混乱はあったようですが、ヘルスケア企業の使命として、社員も受け入れたのではないかと想像します。

このようにヘルスケア事業を取り扱っており、ビジョンやミッションに健康系の課題解決を掲げていれば、自社のヘルスケア商品やサービスを自社で“強制”で導入するのは問題ないでしょう。これは、ヘルスケア事業を展開している会社の社員が、皆メタボ体型だったら信頼を失うのと同じ理屈になります（まず自分で健康に取り組んだらどうかと思うので）。またこのような取り組みは、自社が保有する経営資源を活用することになりますので、前述のSTEP3の取り組みにも該当し、模倣困難性も高く、最強戦略へ繋がることでしょう。

もう一つオフィス環境への“強制”しやすい介入について、

211　谷田 千里、株式会社タニタ（編著）：『タニタの働き方革命』、日本経済新聞出版社（2019）

212　https://www.smartlife.mhlw.go.jp/award/

213　https://www.tanita.co.jp/shokudo/sp

214　https://www.tanita.co.jp/company/message.html

経済産業省が2016年に発表した「健康経営オフィスレポート」[215]があります。健康経営オフィスの定義は、「健康を保持・増進する行動を誘発することで、働く人の心身の調和と活力の向上を図り、一人りひとりがパフォーマンスを最大限に発揮できる場のこと」となります。従業員の健康を保持・増進する行動として「快適性を感じる」、「コミュニケーションする」、「休憩・気分転換する」、「健康意識を高める」、「清潔にする」、「体を動かす」、「適切な食行動をとる」の7つが挙げられており、それらに対しどのような施策が考えられるか明示されています。健康経営度調査に直接反映しない施策もありますが、参考にしてください。

そのほかにオフィス環境について知っておきたい項目が2点あります。一つ目に、働く場の健康度評価ツール「CASBEE—ウェルネスオフィス」が挙げられます。これは、建築物の健康性、快適性等を評価するツールとして開発されたもので、ウェルネスオフィスによる建物健康度の格付けとなります。当然、CASBEEのビル等に入居すれば健康や生産性が高まることが期待できます。しかし現状の健康経営度調査にはオフィスの営繕的な内容に関する評価項目はありません。

もう一つがオフィス家具等です。コロナ禍においてリモートワークが推奨される中、自宅も含めた職場&仕事環境は大切な要素ですが調査票ではほとんど触れられていません。しかし前述のとおり、肩こりや腰痛が増えたといった健康課題を鑑みると、椅子やモニター等の対策を生産性向上の面と併せて考える

215 https://www.meti.go.jp/policy/mono_info_service/healthcare/downloadfiles/kenkokeieioffice_report.pdf

ことになるでしょう。これが社員の健康を考える普通のロジックだと思います。やはり総務部等の職場環境整備の担当者が、健康経営の座組／クロスファンクションチームに参加する必要があると考えています。

■世代間ギャップ

ここで管理の面白い事例として、世代間のギャップについて紹介します。後掲表22のとおり、2015年から大学生の健康経営訪問プロジェクトを率いています。そこで、ある企業を訪問した際、ランチで食堂をお借りしました。その企業では、食堂でメニューのカロリー表示等するだけでなく、社員証で精算できる仕組みを用意し、また個人のアプリ等に食べたメニューやカロリーが記録されるシステムとなっていました。さらに、朝食は無料で、希望者は夕食も食べられて記録される仕組みとなっており、食事の摂取カロリーが多い等があれば、管理栄養士等から次の食事メニューや運動推奨がレコメンドされる機能までも搭載されていたのです。

初めてこの仕組みを聞いたとき、管理されているようで寒気が走りました。私が好きな大人気マンガでTV化された『孤独のグルメ』の番組最初のナレーションのとおり、食事は、「時間や社会に囚われず、幸福に空腹を満たす時、つかの間、彼は自分勝手になり、自由になる。誰にも邪魔されず、気を遣わずものを食べるという孤高の行為。この行為こそが現代人に平等に与えられた、最高の癒しと言えるのである」と考えていたからです。ラーメンを食べたい気分のときに、焼き魚定食を勧められても、面倒なだけだと思っていたのです。しかし実際は、レコメンドに対応する社員が多いそうです。

ここには、世代間ギャップが存在するようです。参加した大学生にも確認したところ、抵抗はなく、むしろ助かると歓迎する声が多く上げられていました。特に女子大学生は、美容やスタイル維持のため、自分でカロリー計算をしたり、アプリを使用したりして、カット野菜やヘルシーメニューを選択していますが、正直選ぶのが大変だったそうです。結果選択肢としてレコメンドされるのは大歓迎となったわけです。

また世代間ギャップとして、健康経営施策への反応も20代等の若手になればなるほど、すぐに対応するとも聞きました。アラフィフの私より上の世代は、管理からの解放や自由を勝ち取るために大学闘争等してきた世代です。私の大学時代には、キャンパスでは、立て看板等で学生運動が行われていました。追記すると今ではきれいなキャンパスに変わり、女子学生も多く歩いており、そんなものは影も形もありません。そういう意味では、20代等の若手の従業員が素直で、私が考える管理にも物おじせず、そして意思決定の機会や探索時間を減らし、デジタル技術をうまく使いこなしているようにも感じました。

まとめると、健康経営に関する施策を実施する際は、まず①健康状態やメンタル状態、そして重要なヘルスリテラシーの高低と、次に②“任意”と“強制”、そして③従業員個人と職場環境・システム、の3点を、施策ごとに考え、年代別も参加者も考慮し、できる限りデメリットが解消され、企業が対象としている従業員が多く参加できるように設計していくとよいでしょう。イメージは図21のようになります。

本節の最後に、健康経営には取り組みやすい業種と取り組みにくい業種が存在します。取り組みやすい業種は、電気・ガス業や銀行業等の定型の業務とIT企業が多い業種となります。

図21　オフィス介入する際のポイント

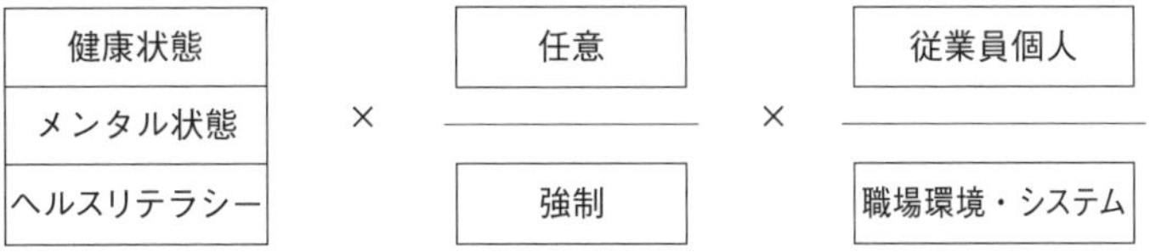

※筆者作成

逆に取り組みにくい業種は、働き方が多様で深夜まで働いている業種、例えば倉庫・運輸業、小売業、サービス業等となります[216]。特に24時間報道等に対応するメディア業界は難しいと感じています。さらに、前述のとおり信頼度や企業文化、企業が持つ風通しのよい雰囲気も影響を与えますので、これらを踏まえたうえで介入する必要があります。

将来的に、健康経営が企業文化として根付けば、すべての施策を任意にしても、ヘルスリテラシーの高低にかかわらず、ほとんどの従業員が積極的に参加される事例や、システムを導入してもスムーズに従業員の皆さんが適応される事例をみてきました。ぜひ企業文化に根付くまで頑張っていきましょう。

216　経済産業省、令和元年度 健康経営度調査　結果概要資料、https://www.meti.go.jp/policy/mono_info_service/healthcare/downloadfiles/03_kenkokeieidochosa2019_gaiyo.pdf

第4章

健康経営の今後の展開

第１節　平均から抜け出す健康経営

■ヘルスリテラシーと平均では見えない健康

個人の健康は、平均で算出はできますが、平均の数値の人はいないといわれています[217]。人間の体で全く同じ人はいないように、また平均の人はいないように、健康も全く同じ人はいないし、また平均の人もいません。詳細は『平均思考は捨てなさい』の本を読んでいただきたいですが、人間の体はさまざまであり、決して平均が素晴らしいわけではないのです。そう考えると、健康経営の施策も個人の健康状態やヘルスリテラシー等がさまざまなので、個人に合った施策を提供するのが理想でしょう。それこそが一人ひとりの個性や強みを発揮できることになるのです。

前述の通り大学生の健康経営訪問プロジェクト（後掲表22参照）では、2021年度は「健康経営への提言と学生のヘルスリテラシー項目」と題し、取り組んできました。ところで、なぜ大学生と健康経営を研究しているかというと、大学時代は健康教育が抜け落ちている唯一の期間と考えているからです。所属（ステージ）の健康教育とヘルスリテラシー等の関係は図22がイメージとなります。見方は、年齢が上昇すると図の上方に進みます。最上段は年齢での退職を予想しています。

217　トッド・ローズ（著）、小坂 恵理（訳）:『平均思考は捨てなさい』, 早川書房（2017）

図 22　生涯における教育機会とヘルスリテラシー等の成長

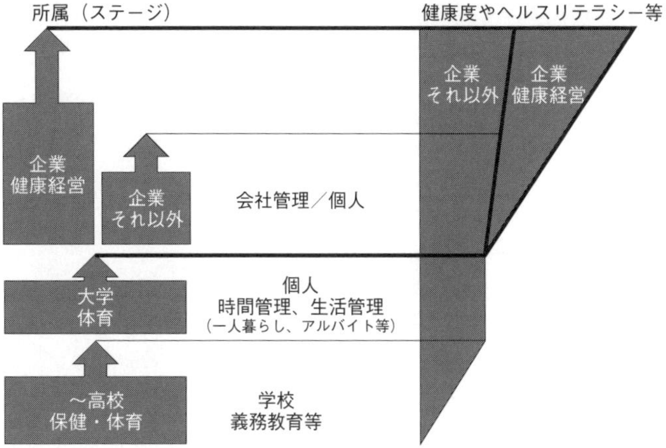

※筆者作成

左側の所属（ステージ）は、高校→大学→社会人（太い線内）となります。社会人は、健康経営等に取り組んでいる企業とそれ以外で分けています。右側の健康度やヘルスリテラシー等では、横に広がるほど、度合いが高まっていることを表しています。高校までは、順調に広がって（高まって）おり、大学時代に広がりが止まり、その後社会人になったら再度広がる（高まる）ことを表しています。

具体的にみると、高校までは、保健・体育等で、必修となりますが、大学になると医療系を除き体育はありますが、健康教育は行われていないのが現状だと思います。そして社会人になり、健康経営に取り組んでいる企業に入れれば、またヘルスリテラシー等の健康教育が行われていきます。つまり大学は、一人暮らしやアルバイト等自由に過ごせる反面、自己管理が初めてといってよい、健康教育が必要となるタイミングだと考えられます。健康教育は、成人になる前までに行われているほうがよいというのが通説でした。しかし、現代は超高齢化し、生活習慣病含めがんサイバー等の新しい働き方や、認知症等の病気がでてきており、ステージに応じて生涯健康教育について学ぶ必要がでてきました。ぜひ企業は、健康経営の取り組み等で、第２章で紹介したウェルネス（健康）キャリアを設定し、ひいては、日本全体の医療費の削減に貢献するとの気概を持って健康教育も行っていきましょう。

そしてこれらは、少し前にブームになった健康格差[218]問題の解消に繋ながると考えています。一般的に健康格差とは、「人種や民族、社会経済的地位による健康と医療の質の格差」と定義されていますが、ほぼ単一民族であるにもかかわらず、日本で健康格差が拡大していることは有名な話です[219]。主な理由には、経済格差と教育格差があり、上記の健康経営は教育格差の解消に繋がるのです。また日本のすべての企業が健康経営に取り組めば、教育格差はほぼ解消されるでしょう。そして健康格差も改善されることでしょう。つまり健康経営は、この健康格差問題の解決策にもなっており、取り組んでいる企業はソリューションの役割も果たしているということです。このような視点も持って、ぜひ積極的に取り組んで参りましょう。

さて話を戻して、大学生との健康経営訪問プロジェクトは、2021年経済産業省始め丸井グループ、アビームコンサルティ

218　マイケル・マーモット（著），栗林 寛幸（監訳），野田 浩夫（訳者代表）：『健康格差』、日本評論社（2017）

219　NHKスペシャル取材班：『健康格差　あなたの寿命は社会が決める』、講談社（2017）

ング、東京海上日動システムズ、サンスター、江崎グリコに、9大学の学生と一緒に訪問してきました。同年12月の報告会&提案会では、訪問した大学生から、健康経営企業への取り組みについての提案が行われました。その中で特筆すべきものとして、個人に合わせた健康経営施策が2つ提案されており、それが「十人十色の健康経営」と「ONE to ONE 健康経営」です。

■「十人十色の健康経営」と「ONE to ONE 健康経営」

「十人十色の健康経営」とは、従業員一人ひとりの状態に合わせた健康経営の施策を指し、その総称となります。このような発想に至った経緯は、大学生が健康経営に取り組んでいる企業を実際に見て聞いた結果、社員全体に対しての施策の説明（ポピュレーションアプローチによる歩数イベントや属性を分けての女性の健康教育）はありましたが、個人に対しての介入が少なく、また個人の状態（健康度やヘルスリテラシー等）に応じたものはほとんどないと感じたからです。

そこで、これらの企業は個人の健康診断やメンタルヘルス制度のデータ、ヘルスリテラシーやワークエンゲージメント等の個人データ等、すでに有しているので、可能であれば個人の健康状態やヘルスリテラシー等に応じて、健康経営の施策を考え、介入することが好ましいと思ったからです。つまり治療が必要なケースの医療従事者からの個別介入はあるのは当然として、健康増進施策や予防にも個別介入をすべきではないかとの考えに至ったのです。

個人のレベルに合わせた介入は、教育分野でも最近注目を集めています。従来までは、教育の公平性の観点から、学年別に画一的に教えるだけでした。しかし近年のITやデジタル技術の進化により、個人の学習度や習熟度が測れるようになり、発達段階の実態に応じた教育手法が可能になりつつあります。そして先生は一方的に教えるという仕事は減り、生徒の学習状況に応じて課題を設定したり、グループワークをデザインしたり、成長を手助けするための質問に答えることが主となりつつあります。

これらは、生徒の得意分野の成長を手助けすることになり、結果飛び級等も可能になり、天才等を早期に見つけることができる等のメリットがあります。文部科学省では、「令和の日本型学校教育」と題し、個別最適な学びと協働的な学びの実現を目指しています[220]。

例として、所属する大学の講義では、グループディスカッション（約10分）を、90分の内通常2回行っています。目的は、一方的な講義より、グループディスカッションのほうが、知識の共有が高いレベルにおいて進むのと、授業への参加意欲を高めることができるからです。また毎回の授業の感想では、習熟度に合わせた個別回答を行い、理解が早い学生やリーダー等には、新たなる示唆や課題を与えてもう一段高次の勉強を促したり、別の授業アシスタントを担当してもらい、成長を促すと同時に飽きない工夫をしています。

これらが可能になったのは、教育現場におけるオンライン学習システムのGoogle Classroom[221]（クラス単位で生徒や学習内容を運営・管理することが可能となる「Google Apps for Education」の一つ）等のITやデジタル技術の進化のおかげ

220 https://www.kantei.go.jp/jp/singi/kyouikusaisei/jikkoukaigi_wg/syotyutou_wg/dai3/sankou7-2.pdf
221 https://edu.google.com/intl/ALL_jp/products/classroom/

です。先生の立場からすると学生一人ひとり個別にみるので、大変時間がかかるのが難点ですが、学生たちの満足度は高く、成長が促されているように感じています。

ひるがえって、健康経営もデータが揃っているのであれば、個人の状態に応じた介入をすべきであると学生たちは提言しています。健康経営の介入には、前述のとおり、全体に対しての介入施策としてポピュレーションアプローチがあり、健康診断やストレスチェックの結果等から近い将来医療従事者の介入が必要になるであろう層に対するハイリスクアプローチが考えられます。

これからは、ウェルネス（健康）キャリアと同様にゴールや目標像を設定し、個人の健康状態やヘルスリテラシーに応じた介入施策が重要であると考えられます。そして測定は、第2章のとおり、健康診断等やプレゼンティーイズムの東大1項目版等の健康状態から、ヘルスリテラシーの知識のCCHL尺度やワークエンゲージメントのユトレヒト・ワーク・エンゲイジメント尺度等で、測定可能です。それらの数値に対し、従業員個人ごとに伸ばしたい能力や足りない能力を開示し、可能であれば自律的に学んでもらう、また勉強してもらうことが考えられます。従業員数が多く、グローバル企業であるほど難しくなると思いますが、データを活用すれば十分可能かと考えられます。

そもそも人事評価では同様に全従業員の個人の評価を行っているはずです。まずは測ってみてください。そしてこれらは、平均で物事をグループ化するのではなく、個人に対してOne to One（ワントゥワン）で健康経営の施策を届ける必要があります。

そして次に大切な施策は、個別の従業員に届ける手法となる

「ONE to ONE 健康経営」となります。ONE to ONE 健康経営とは、従業員に対し健康経営を One to One でマーケティング[222]することです。「One to One マーケティング」とは、従来のマーケティングは、カテゴリーごとの分類だけでしたが、現在は例えば個別にカスタマイズされたレコメンド機能等で・人ひとりにアプローチでき、マーケティングの代表的な手法になりつつあります。これを健康経営に当てはめれば、従来のマーケティングが年代別や男女等のカテゴリー分けに該当しますが、現在はITやデジタル技術等の進歩により、一人ひとりに対して個別の具体的な提案ができるようになっています。これがOne to One マーケティングといえ、最近では行動ターゲティングともいわれています。

『GAFA　四騎士が創り変えた世界』[223]によると、マーケティングの歴史は顧客のターゲティングに関する3つの大きな変化で分析され、第一の時代はデモグラフィックターゲティングです。第二の時代はソーシャルターゲティングで、第三の時代は行動ターゲティングと定義されています。健康経営は行動を伴い、ICT等で過程や結果を測定できますので、行動ターゲティングが可能なのです。

さて具体的には、マーケティングの現場では、知名度を上げるためにチラシの掲示や配布、のぼりやイベント等の体験・経験などが行われています。当然健康経営の企業でも同様に、上

222　ドン・ペパーズ, マーサ・ロジャーズ（著）, ベルシステム24（翻訳）：『ONE to ONE マーケティング　顧客リレーションシップ戦略』、ダイヤモンド社（1995）

223　スコット・ギャロウェイ（著）, 渡会 圭子（翻訳）：『the four GAFA　四騎士が創り変えた世界』、東洋経済新報社（2018）

記のほかに、オンライン掲示板や食堂やエレベーターでのサイネージ広告が考えられるでしょう。これに対しOne to Oneマーケティングでは、従来は難しかったですが、現在は社内SNSやイントラネット等によって、これらの施策も可能になってくると考えられます。

つまり健康経営においては全員に対してイベントを開くというのは過去のものとなり、一人ひとりに合わせたさまざまな施策を提供していく、またそれが可能になった時代が到来しいるということです。例えば、ヨガ等の社内イベントも、特定のグループ化した健康度に応じた層に対して告知し参加者を募れば、その参加者は共通の健康課題を持っている場合が多く、健康度に応じた成長が促せることでしょう。また個人に対し、ヘルスリテラシーの焦点に合わせた知識の提供や行動を促すイベントや勉強も考えられます。今後の健康経営の施策はこのような個人または小グループに焦点を当てた施策が大切になってくると考えられます。

■健康経営度調査の限界とその先

本項では、健康経営度調査の限界について紹介します。調査票は、第１章の冒頭のとおり質問項目が多岐にわたるため、厚生労働省が定めている21世紀における国民健康づくり運動「健康日本21」[224]と比較した際、整合性が取れない、または漏れている項目があります。例えば、歯・オーラルや睡眠に関わる項目です。どちらも健康において重要な指標であるということ

224　https://www.mhlw.go.jp/stf/seisakunitsuite/bunya/kenkou_iryou/kenkou/kenkounippon21.html

は理解できると思いますが、将来調査票に入る可能性はあるものの、現時点では入っていません。理由は、調査票の調査項目数が多く、すべての健康施策を網羅できないからです。だからといって、これらの項目に対する取り組みをしなくてもよいのかというと、健康診断結果や従業員アンケート等で課題として抽出されたのであれば、取り組んだほうがよいでしょう。ではこれらはどのように解釈&対応すればよいのでしょうか？

前述のとおり、健康経営度調査は、健康経営の基礎であり、そのうえで企業が抱える課題を解決するさまざまな施策を、上に載せる／追加すると考えてみてください。健康経営度調査に回答することで、「調査票に例示されている項目でさえ取り組みできていないのに」と思われたご担当者様は、まだまだSTEP1の入り口に立っただけとなり、イメージは下図のようになります。

前掲図15の取り組みの3STEPに、自社の課題を追記した

図23　健康経営度調査と自社の課題の整合性

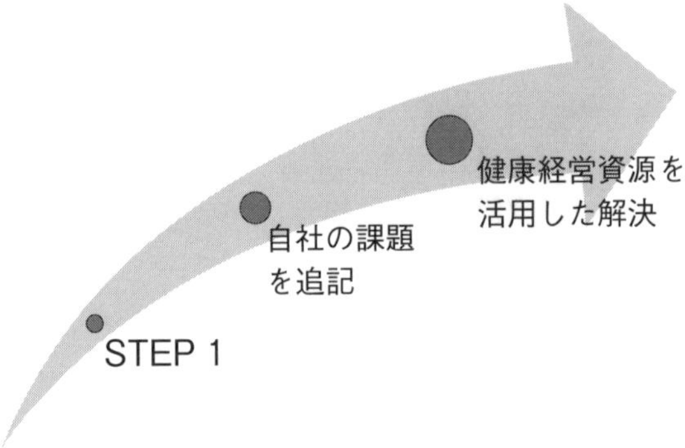

※筆者作成

場合も同様になります。また何度も紹介しているウェルネス（健康）キャリアも自社の課題に該当します。健康経営資源を活用した解決はSTEP3におおよそ該当します。先はまだありますが道は拓けています。楽しんで参りましょう！

次に、健康経営度調査の変更等はどのように行われているか紹介します。経済産業省→審議会・研究会→ものづくり／情報／流通・サービス→健康・医療新産業協議会→健康投資ワーキンググループ、で議論されています。2020年に、健康経営の顕彰制度開始から仕組みや健康経営度調査等を審議してきた次世代ヘルスケア産業協議会から衣替えをし、健康・医療新産業協議会として開催されています。2024年3月末までに11回開催されており、メンバーの多くは次世代ヘルスケア産業協議会から引き継がれています。詳細は下記URLよりご覧ください。
https://www.meti.go.jp/shingikai/mono_info_service/kenko_iryo/kenko_toshi/index.html

本節の最後に、健康経営のその先として、大学における健康経営科目の新設と、健康経営大学院等の設置を提言します。神奈川大学の経営学部で「健康経営論」や武庫川女子大学、大阪公立大学等では一部健康経営を教えていますが、前述のとおり、健康教育は、大学時代にストンと抜け落ちています。また健康経営の学術的研究が進んでいるとは現時点ではいえません。大学時代に一定のヘルスリテラシーを持てれば、健康経営に取り組んでいない企業に就職しても健康で長く働くことが可能になります。そしてもっと研究者が増えれば、健康経営の効果の解明も行われて、さらに多くの企業が取り組むことができるようになるでしょうし、後述の国際展開の際も、日本でのアドバンテージになります。ぜひ、文部科学省には、健康経営の科目の新設と大学院の設置許可を望みます。

さらに、大学には健康経営ビジネスモデル研究所の設置も考えられます。こちらは大学の判断になるかと思いますが、ぜひこのような学術研究機関ができることを切望します。

第２節　地域や取引先、顧客との関わり方

■地域と健康経営（CSR 活動）

本節では、健康経営の取り組みが、外部の地域や顧客等にどのような影響を与え、結果リターンが得られるかを紹介します。内容をご理解いただければ、前掲図 18 の対象を拡大して、最大のリターンを得ることが可能です。第 3 章の健康経営の対象の「家族・グループ会社向け」、「株主・地域・取引先向け」の項と併せてご覧ください。

健康経営の取り組みは、地域においては、CSR 活動として行われます。CSR 活動は、企業が地域において貢献するためまた最近ではサステナビリティの視点で、具体的にはお祭りやマラソン大会、さらに美術館等の文化的活動を支援することで、多くが行われてきました。その結果、地域からの評判やリクルート効果を得てきたのです。今後は健康経営の視点を持って、地域に貢献する CSR 活動を行うことが可能になります。

その例として、前述の京都市の事例が挙げられます。京都市では健康経営企業のワコール健康保険組合の責任者が、市の保健事業のメンバーに入っています。理由は、健康経営等積極的に従業員の健康増進等に取り組んでいる企業の定年退職者等と、その他企業では健康診断の受診率に大きな差があること

に、京都市が気づいたからです。

また前述のとおり、京都の企業は、日本的経営で従業員を家族のように扱う文化があります。その結果、多くの企業が健康経営銘柄等に選定されてきました。そこで、市の保健事業に健康経営等で著名な企業のメンバーを迎え、解決策のヒントを探ったようです。またワコールは、「世の女性に美しくなって貰う事によって 広く社会に寄与する事こそ わが社の理想であり目標であります」とのグループ目標のとおり、また前述で紹介したとおり京都駅前に京都保健室を設置し、京都市民の健康増進にも貢献しています。これはワコールの健康経営が、CSR活動を行っているとも捉えることができるのです。

このほかに、大阪にあるサンスター株式会社[225]では、2021年に高槻市に新社屋、サンスターコミュニケーションパークを建設し、「第34回日経ニューオフィス賞」のニューオフィス推進賞を受賞[226]しました。新社屋を見学する機会を得てお伺いしたところ、明るくきれいなのはもちろんですが、健康道場[227]等で培ってきた健康経営の資産を使ってカフェやレストランをつくり、社員や地域の皆さんに提供していることに驚きました。当時は、コロナ禍により一般開放を止めていましたが、地域の人であれば、当初はだれでも使えるように設計されていました。もちろんビジネスとして、オープンイノベーションを目的の一つにもしていますが、それ以外にサンスター商品の歯ブラシや歯磨き粉等の商品も置いてあり、無料で利用できるようになっています。さらに、歯科衛生士等が駐在し、相談

225　https://www.sunstar.com/jp/about/
226　https://prtimes.jp/main/html/rd/p/000000318.000005120.html
227　https://www.kenkodojo.com

も無料で行えるようになっていました。

つまり、このような取り組みは、高槻市民の歯の健康の一端を担っていると言い換えることができるのです。私が高槻市の職員なら、歯を含むオーラル健康教育に関わるすべてを、こちらで開催したいと考えるでしょう。なぜなら、従来市が持っている施設より格段にきれいで使いやすく最新の情報もあり、特定の企業に肩入れしているといわれない限り、商品や人材も含め保健指導を行える資源が、サンスターには豊富にあるからです。このような取り組みが進展していけば、サンスターが持つ健康経営資源を、地域に適用&活用した事例となるでしょう。

上記以外にも、コロナ禍により閉館してしまいましたが、パソナグループの大手町牧場（東京）[228]の例が挙げられます。こちらも、パソナグループの会社からみれば、動物がいつでも近くで見られて触れ合い体験ができるので、従業員のメンタル対策としても活用されてきました。また一般に開放されていましたので、だれでも見て体験することができましたし、大手町にある小学校の児童や幼稚園児が社会科見学で来るケースも多いと聞きました。つまりパソナグループが持つ資産（健康経営資産とも言い換えることができる）を地域に活用していた事例になります。

これらは地域や自治体からすれば、基本大歓迎のはずです。特に地域保健や職域保健等の保健事業における資源は多くはなく、企業のヘルスケアビジネスや健康経営資産は、自分たちが持っている資産を大きく超えるからです。そして企業は地域からの評判を得て、従来の評判やリクルート効果を得るだけでな

228　https://www.pasonagroup.co.jp/otemachi_bokujo/

く、離職率の低下やビジネスでの販売も期待できるのです。少なくとも一石三鳥になります。ヘルスケアに携わっている企業は社内に持っているだけ、また顧客に提供しているだけではもったいないです。健康経営の取り組みを通して地域とWin-Winの関係になれるのですから、地域や自治体と相談しながら、ぜひ開放してほしいと願っています。

もう一つ、有形資産での地域への介入についても紹介しておきます。大企業の場合は、自前で病院や診療所、保険組合を持っているケースがあります。これらは大事な健康経営資産ですので、従業員の健康診断や地域住民への医療提供等だけではもったいないと考えています。

例えば、病院を活用して、地域の健康経営を支援するのはいかがでしょうか。産業保健に詳しい医療スタッフが、来院された等で関係がある個人または会社の代表者や健康経営推進担当者を対象に、病院等に集まってもらい、または出張し、健康経営を紹介し支援する等が考えられます。これも病院が地域の企業の健康増進を支援することになりますので、病院の従来の概念を拡張することなく、手法の変更で、地域の健康を守っているといえるのではないでしょうか。

来院する患者を治療することで地域医療に貢献するだけの時代は終わり、どうやって地域の住民を健康（増進）に、また地域の医療費を適正な水準にするのかという視点を持つのであれば、十二分に考えられる施策だと思います。そこに大企業の健康経営推進担当者も参加し、自社事例で紹介すれば、健康経営で地域を支援＆繋がることができます。そのほかには、持っているビルまたは使用許可があれば、東京タワーや東京スカイツリーの階段を使ったイベントのように、運動や歩数で建物の階段も活用できます。このように介入に使える経営資源の有形、無形資産を活用し、また対象も従業員だけでなくさまざまな関係者やステークホルダーへも提供できると考えてみてください。

■取引先（仕入先や卸し先）も巻き込んだ健康経営

2022年度の健康経営度調査から、自社と関係会社や関連会社等のグループ企業に対し、支援を行っているかという項目が追加されました。これは、前年度まであった「健康経営を世の中への普及へのために何か行っているか？　例えばセミナー等」に替わって新設された質問で、目的は、従来のとおり健康経営の普及であり、取り組み企業を増やすこととなります。

ところで、健康経営の取り組みにおいての課題は、健康経営に取り組む人材または資産、時間がない等の回答[229]が多くなっています。そこで経済産業省は、現在健康経営に取り組んでいる企業は、健康経営資源やノウハウを有しているので、グループ企業の支援を促進するために、新設したと推察しました。

そう考えると、2021年の健康経営銘柄企業の認定に納得感を持てます。なぜなら、トヨタ自動車株式会社や日本電信電話株式会社（NTT）、富士通株式会社等の日本を代表する名だたる企業が新たに選定されたからです。これらの大企業は、当然グループ会社も多く、例えばトヨタ自動車においては、グループの連結子会社で507社[230]、連結外の関係会社や孫会社も含めれば1万社以上との関係があるといわれています。グループ企業の規模の大小はさまざまですが、産業保健や安全衛生含め

229　https://www.tokyo-cci.or.jp/file.jsp?id=1013694

230　https://www.toyota.co.jp/jpn/company/history/75years/data/conditions/company/toyota/index.html

健康経営資源を一番有しているのは、トヨタ自動車本体とその保健組合と考えられます。つまり、トヨタ自動車が、グループ会社全体の健康経営を推進し、支援することが期待されているのです。

さらに、グループでヘルスケア企業を抱えている場合は、そのヘルスケア企業のサービスやモノを割引等で使える等の支援も考えられます。例えば、2016年から８年連続で健康経営銘柄に選定されている東京海上ホールディングス株式会社[231]では、グループ会社に、健康保険組合向けにこころとからだの健康をトータルでサポートする東京海上日動メディカルサービス[232]という会社があります。こちらのサービスを、東京海上日動健康保険組合を通じ、グループ会社に提供し、健康経営の取り組みを支援しています。ほかに、歩数イベント等も健康保険組合が主体となり、グループ企業のだれでも参加できる仕組みを擁しています。

これは東京海上日動のグループ内において、相対的に規模が小さく健康経営資源が足りなくなりがちで、健康経営に積極的に取り組めない会社にとって、大変貴重であり、助かる仕組みとなっていることでしょう。また大学生等の就職希望者からみても、東京海上日動グループであれば、どこのグループ会社に就職しても、安心して健康で長く働くことが可能であるとの認識も与えることができ、グループ会社のリクルート効果にも良い影響を与えることが想像できます。

次に、自社またはグループ会社に健康経営資源があった場

231　https://www.tokiomarinehd.com/release_topics/release/l6guv3000000drk1-att/20220310_health_productivity_stock_j.pdf

232　https://www.tokio-mednet.co.jp/

合、ESGのS：社会においては、取引先が含まれていますので、取引先に提供するまたは取引先の健康経営を支援するなどが考えられます。関連会社及びグループ会社支援と同じで、健康経営資源を活用するのですが、取引先には政府から下記のような「ビジネスと人権」という視点で、新たに健康経営等を求めることになりました。

2020年10月に日本政府が「『ビジネスと人権』に関する行動計画」を策定し、国内企業の間でも取り組みが始まっています。「ビジネスと人権」の問題とは、企業が利益最大化のために最低賃金以下の対価でまた若年労働者や移民労働者を雇用することは法律違反であるということです。仮に自社ないし自社のグループ会社でそのような雇用は行っていないにせよ、取引先がそれを実施しているのであれば、取引を通じて、間接的に最低賃金以下の雇用を支えていることにもなりかねません。

では仮に取引先が、安全を含む健康等に配慮していない劣悪な職場環境だった場合において、健康被害が多発していたらどうでしょうか？つまり健康経営も、人権と同様に、取引先の健康や健康経営等の支援または対応すべき問題であると考えることができます。そして取引先に、健康経営等に取り組むことを求めたりする可能性があるのです。つまり「人権」と「健康」は同類と見なすことができるのです。

「ビジネスと人権」はについて、ハーバード大学のジョン・ラギー教授が2005年に国連事務総長特別代表に就任し、「ビジネスと人権」についての枠組みづくりに尽力し、保護、尊重、救済を基本とするフレームワークを、2008年に公表しました[233]。

このフレームワークの中には安全や健康は入っていません。

ただ、例えば有害ガスが発生する職場において、ガスマスク等の準備がなく、安全や健康に配慮されていない環境の中でつくられたモノが、取引先として納品されていたらどうでしょうか？環境的に問題があることはもちろん、道徳的に、取引先の安全や健康をある程度支援または改善を求めるのが、企業の責務になりつつあるのではないでしょうか。

ただし、サプライチェーン上の取引先に対して、企業側には強制する権限がないことも少なくないでしょう。またグローバル企業の場合、取引先は一次サプライヤーのみでも数千、場合によっては１万を超えるケースも少なくないでしょう。二次サプライヤーからさらにその先の末端にまで至るサプライヤーになると、「人権」や「環境」、「健康」を尊重する取り組みを徹底させるために、負の影響を特定し、評価し、適切な対処を促し、さらにそれらを継続して追跡してチェックできるといったPDCAサイクルを回すのは容易ではないでしょう。

ただそうした状況を放置すれば、社会にとって重要な「人権」や、地球に大切な「環境」、個人の重要な「健康等」の問題が軽視され続けるといった事態にも至りかねません。今後は自社グループのみではなく取引先に対する働きかけの影響も含め、相対的に広く責任範囲があることを想定していくことが必要となるでしょう。

■顧客とつくる健康経営ビジネスモデル

新しいビジネスモデルは、前項のグループ企業における健康経営資源の活用をさらに拡大解釈し、健康経営資産を持ってい

233　https://www.mofa.go.jp/mofaj/fp/hr_ha/page22_001608.html

る企業が、健康経営資産を使って取引先と繋がることを目的としています。イメージすると、顧客と健康経営資源をシェアするという考え方となります。さらに取引先にヘルスケアサービスや商品または健康経営資源があった場合、それらを共有し、新たな健康経営のビジネスモデルをつくることも想定しています。

つまり本項は、現在ないビジネスモデルを、健康経営をキーやツールに、イノベーションを起こす新たなビジネスモデルの創出を狙っている大変意欲的な、また挑戦する内容になっています。現実的ではない、また荒唐無稽なアイデアとなるかもしれませんが、少しでも読者の皆様に刺激を与えられれば幸いです。

さて、企業と顧客の関係は、製（商）品等の有形な物から無形のモノやサービスまでさまざまあります。健康経営は、有形資産もありますが、重要な無形資産の一つでもあります。企業はこの重要な無形資産を使って、顧客との関係を持つことが考えられるのではないでしょうか。特徴は、無形資産を使って関係性が保たれると、「金の切れ目（取引）が縁の切れ目」とならず、離れることが困難になるということです。

例えば、銀行が企業（取引先）に対して、資金の貸付けから金利等でリターンを得るビジネスモデルがあります。さらに銀行は、お金の貸し借りにかかわらず、顧客との関係性を維持するために会員化し、勉強会等を開催しています。そこで顧客との緩い繋がりを持つことを目的とし、取引のタイミングを待っています。

そこで健康経営資産で繋がりを保つというのはどうでしょうか。銀行が持っている健康経営資源、例えば産業医や保健師等の産業保健スタッフ、健康経営の推進モデル、アプリ等を顧客にも提供することで、特に中小企業においては充実した健康経営資源を持つのはハードルが高いため、顧客企業の健康経営を支援することにより、お金の貸し借り以上の関係性を持てるのでないかと考えます。イメージは図24のとおりです。

図24　銀行健康経営モデル（案）

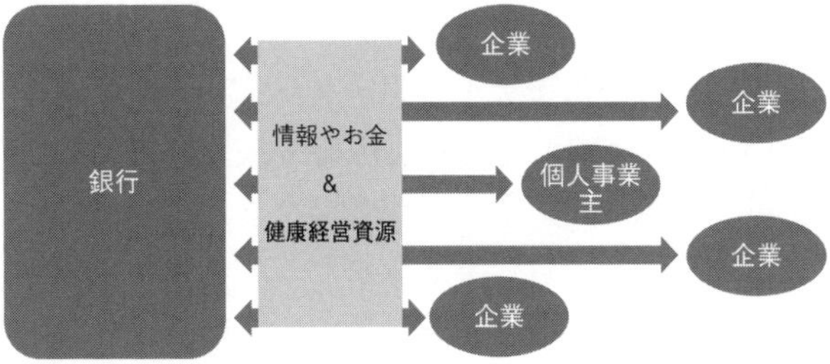

※筆者作成

リターンは、利用した健康経営資源に応じて支払いを受ける成果報酬型が想定されます。これらはレンタルビジネスまたはシェアビジネスとも言い換えることができます。

上記のように顧客の要望に応じて、健康経営ビジネスモデルをつくることが可能だと考えています。ほかに、ドラッグストア健康経営モデルが考えられます。ドラッグストアには、厚生労働省認証の健康サポート薬局[234]のように、薬剤師や管理栄養士[235]が駐在しているケースがあります。そこでは、地域の“人々”がいつでも無料で相談でき、また健康サポート薬局自体が交流の場にもなっています。そこで、駐在している薬剤師

234　https://www.mhlw.go.jp/file/05-Shingikai-11121000-Iyakushokuhinkyoku-Soumuka/matome.pdf

235　https://www.nichiyaku.or.jp/kakaritsuke/support_pharmacy.html

や管理栄養士を、地域の“企業”に派遣するというビジネスモデルが考えられるのです。もちろん薬剤師や管理栄養士が健康経営に詳しくなければなりませんが、地域の健康をサポートする（この場合は対象が企業）健康サポート薬局の趣旨に沿っています。またこのモデルは、コンビニエンスストアではできません。なぜなら働いている人が学生や留学生等のアルバイト等が多く、専門知識がないからです。

さらに大学健康経営モデルも想定されます。医療系の学部を保有している大学では、そもそも医師や保健師等の卵を抱えています。就職の際は、医療機関が多くなると思いますが、今日では医療機関以外や一般企業も対象となってきています。そこで医療の専門職を、企業に派遣し健康経営を支援するビジネスモデルが想定されます。また管理栄養士等の食物栄養系の学部を抱えていたり、健康運動指導士を含む運動系学部、臨床心理士等の心理学部、さらに経営系学部があれば、これらはすべて対象になり得ます。つまり、大学が産学連携で、ビジネスとして展開していくことが可能です。実際、2024 年から新潟大学では、県内の企業担当者及び大学生を対象に「医科学的エビデンスに基づいた健康経営を実践できる人材育成」を目的とし次世代健康経営共創講座が開講しています。講師は主に大学の医学部系の先生方となります[236]。

流れとしては、まず自分たちの大学で健康経営に取り組みます。その後、ノウハウを活用して、外部の企業に専門職等を派遣し、健康経営の取り組みを支援することになります。さらに経営学部等があれば、そこの学生を一緒に派遣することが考え

236　https://niigata-u-kenkokeiei.iseq.co.jp

られるでしょう。すでに、健康経営で先進的な企業は、地域の大学と連携し、学生たちと一緒に取り組み始めています。大学はこれを逆手にとってビジネス化して、地域の企業を通し健康に貢献するという仕組みがつくれるということです。

さて、イノベーションは顧客と一緒につくるのが最近の流行です。そしてそれは偶発的につくられるのではなく、仕組みとしてパートナーを組み込む段階に移行する企業が増えてきています。これらを発展させると健康経営資源を使って、顧客と一緒にイノベーションを起こすということが考えられます。またお客様の成長やライフステージに合わせて、健康経営も成長することができるでしょう。そしてこれらの取り組みは企業の信頼度やブランドイメージも上昇させてくれるでしょう。

本項の最後に、『GIVE&TAKE 「与える人」こそ成功する時代』[237]を紹介します。自社内にある健康経営という重要な無形資産を使ったサービスは、ただ持っているだけや自社内の活用だけではもったいないと何度も述べてきました。地域や取引先、そして顧客に提供することによって、CSR活動だけでなく、イノベーションや関係性維持による新しいビジネスモデル等で成功する時代が来るでしょう。それこそ“ギブ＆テイクでイノベーション”ではないでしょうか。

237　アダム・グラント（著），楠木 建（監訳）:『GIVE & TAKE 「与える人」こそ成功する時代』、三笠書房（2014）

第３節　関わることができる戦略

■ SDGs、ESG

本節では、健康経営におけるサステナビリティ（持続可能性）の可能性について紹介します。サステナビリティにおいて、現代で代表的な目標は、何度か紹介しているとおりSDGs、ESGとなるでしょう。

SDGsとは、2015年9月の国連サミットで採択されたもので、国連加盟193か国が2016年から2030年の15年間で達成するために掲げた目標です。国連が定めた、地球上の誰一人取り残さない施策となり、17の目標＆169のターゲットがあります。健康経営は、目標の「3.すべての人に健康と福祉を　あらゆる年齢のすべての人々の健康的な生活を確保し、福祉を促進する」と、「8.働きがいも経済成長も　包摂的かつ持続可能な経済成長及びすべての人々の完全かつ生産的な雇用と働きがいのある人間らしい雇用（ディーセント・ワーク）を促進する」に該当すると考えられます。

しかし目標下の169のターゲットには健康経営に近しい文脈の取り組みはありません。つまり世界では、3.において、感染症や出産、保健制度の構築と維持等の公衆衛生と一部職場での安全が優先されており、職場での健康増進等はターゲットにはされていないのが現状です。また8.においても、雇用の創出、職業訓練の実施、労働者の権利の保護、安全・安心な労働環境の促進等があり、健康経営にまで踏み込んでいません。しかし、先進国を中心に超高齢化社会の到来等は予見されています。今後先進国を中心に健康寿命延伸施策について議題に上がることは間違いないでしょう。

さらに健康経営という取り組みが、「4. 質の高い教育をみんなに　すべての人に包摂的かつ公正な質の高い教育を確保し、生涯学習の機会を促進する」にも該当すると考えています。前述のとおり、健康経営の取り組みにより、従業員のヘルスリテラシーの向上が図られます。またウェルネス（健康）キャリアという概念を持てば、企業側が生涯現役社会の中で、健康関連における教育機会の提供をしていくことになるからです。4. についてターゲットは、主に子供に焦点が当たっています。世界中でみればまだ教育を受けられない子供も多いのでもちろん大切ですが、先進国では、変化の早い社会環境に対応するためリカレント教育[238]や、人生 100 年時代の『ライフシフト』[239]のようにさまざまな働き方や学び方が提示されています。

健康経営が日本全体に普及することによって、結果的にヘルスリテラシーを含む健康における質の高い教育が行われていくと考えることができます。こちらも先進国では近い将来議題に上がると予想しています。

また、何度もでてきていますが、ESG とは、環境（Environment）、社会（Social）、ガバナンス（Governance）の頭文字を取ってつくられた言葉で、気候変動問題や人権問題などの世界的な社会課題が顕在化している中、企業が長期的成長を目指すうえで重視すべき観点となり、投資家などから評価される指標の一つとなります。つまり、これらに取り組んでいなければ、その企業の株価の毀損リスクが高い、言い換えればサステナビ

238　https://www.mext.go.jp/a_menu/ikusei/manabinaoshi/mext_01127.html

239　リンダ・グラットン（著），アンドリュー・スコット（著），池村 千秋（翻訳）：『ライフシフト　100 年時代の人生戦略』、東洋経済新報社（2016）

リティ（持続可能性）が低いと捉えることができるのです。

健康経営は、S：社会の中の社員の健康・安全（ヘルス＆セーフティー）に該当します。ESGの概要は表19のとおりです。

表19　ESGの概要と健康経営の位置づけ

Environment（環境）	Society（社会）	Governance（ガバナンス）
温室効果ガス	製品・サービスの安全性	取締役会構成
廃棄物	社員の健康・安全	報酬
水資源	取引先	コンプライアンス違反
生物多様性	地域コミュニティ	企業倫理
機会とリスク	機会とリスク	汚職・租税回避

※筆者作成

そしてESG投資は、株式市場における大変重要な一つの指標となりつつあります。例えば、日本の公的年金のうち厚生年金と国民年金の積立金の管理・運用を行っている日本最大の機関投資家である年金積立金管理運用独立行政法人（GPIF）[240]や、アメリカにある世界最大の資産運用会社ブラックロック[241]は、ESG投資をリスクの低減と魅力的な成長機会があると判断し、積極的に行っています。そして、機関投資家は、投資にESGの視点を組み入れることなどを原則として掲げる国連責任投資原則（PRI）に署名を求められており、署名しないと投資資金が集まらない時代が到来しました。機関投資家とは、株式市場において約3/4を占める[242]メインの投資家とな

240　https://www.gpif.go.jp/esg-stw/esginvestments/

241　https://www.blackrock.com/jp/individual/ja/retirement/defined-contribution/esg-investing

ります。つまり上場企業においては、機関投資家に対象にしてもらえないと、株価の上昇は見込みにくいという現実があります。

では具体的にみると、企業は、すでに環境経営という言葉があるように、Environment（環境）に先行して取り組んでいます。またSociety（社会）に該当する取り組みが少ないのが現状です。その中で、健康経営はS：社会の対象として、すい星のごとく現れました。積極的にアピールできる取り組みかと思いますし、また後述の第４節において詳細を説明しますが、健康経営は、Environment（環境）にも影響を与えることができます。簡単に紹介すると、今地域において、多くの都市が健康都市宣言を行っています。つまり地域の魅力を高めるために、健康で長く過ごせることを宣言し、人口の流出を防ぎさらに可能であれば流入を目指しています。その際、取り組み施策は、住民向けになるのですが、多くは定年退職者等の国民健康保険等の対象者になります。

しかし、これでは片手落ちです。なぜなら企業に勤めている従業員が抜け落ちているからです。生涯現役社会を想定すると、これからは、企業に勤めている従業員も、また企業も巻き込んで、健康都市をつくっていく必要があるからです。企業の従業員の健康は企業が取り組むべきことと切り離している限り、うまくいかないでしょう。例えば、自転車専用道路やウォーキングロードを整備しても、企業が車通勤を推奨している限り、利用者はさほど増えないでしょう。対象を企業やその従業

242　https://www.jpx.co.jp/markets/statistics-equities/investor-type/index.html

員に拡大しないといけない時代が来ているのです。

上場企業やこれから上場を目指す会社にとって、健康経営は、投資家を味方につけ株価上昇を狙える、一石二鳥以上の戦略になるということです。ぜひ投資家や株主に向けても積極的に発信していきましょう。

■サステナビリティを目指す「三方よし」とステークホルダー経営と人的資本経営

「三方よし」といえば、近江商人の経営哲学の一つで、「売り手よし、買い手よし、世間よし」で、ステークホルダー重視の経営を理解するうえでわかりやすい言葉として使用されています。これは江戸時代に近江商人の中村治兵衛宗岸が同じような考え方を養嗣子に残しており、「三方よし」の名付け親は滋賀大学教授の小倉栄一郎氏とされています[243]。そして「三方よし」の商売でなければ、商人は成り立たないという考えとなり、さらにこれらにより世間（社会）は商いとして長続きするコツだと主張しています。今でいうとサステナビリティ（持続可能性）と同様の概念になるでしょう。

またこれと近い概念に、前述の地域やステークホルダー、環境に対して企業がその役割を果たしていくCSR（企業の社会的責任）があります。CSRと「三方よし」で一番違う点は、三方よしでは目に見えぬ陰の間にて人のためになるような陰徳精神[244]が用いられていますが、CSRでは活動の内容をきちんとステークホルダーに活動報告書等で積極的に発信することが

243　田中 宏司、水尾 順一（編著）：『三方よしに学ぶ　人に好かれる会社』、サンライズ出版（2017）

244　https://sanpo-yoshi.net/about/concept.html

求められています。現代では、中小企業もリクルート効果等を得るのであれば、発信はSNS等で簡単になったので、CSRを行なったほうがよいでしょう。

さらに「三方よし」は、CSV（Creating Shared Value）経営にも繋がると考えられています。CSV経営とは、マネジメントの大家であるマイケル・ポーターが提唱した言葉で、「本業のビジネスを通じて社会課題の解決を実現していくもの」[245]であるとされます。CSVの基本コンセプトは、①製品サービスのCSV、②企業活動のCSV、③ビジネス環境のCSVとなり、健康経営は②企業活動のCSVに該当します。

これら３つを健康経営の文脈に当てはめると、健康経営の取り組みにより、従業員を大切にすること、そして地域や取引先にまで提供することは、三方よしに繋がります。また外部に発信を行いますので、CSR的でもあります。さらに健康経営で、前述のとおり、新しいヘルスケアビジネスを創出したり、イノベーションやビジネスモデルを生みだせたりすれば、CSV経営とも言い換えることができます。

ちなみに先述のパーパス経営[28]でいえば「八方よし」の経営哲学が提示されています。従来の「三方よし」から、不足している「従業員とその家族」、「サプライヤーやチャネル関連事業者」、「株主」を加えた「六方よし」となり、さらに「地球」、そして「未来の子供たち」を足して、「八方よし」としています。解釈にもよりますが、売り手よしや世間よしの中に内包されている場合もありますが、現代ではこれらのステークホルダーや

245　マイケル・ポーター（著）：『経済的価値と社会的価値を同時実現する　共通価値の戦略』、DIAMONDハーバード・ビジネス・レビュー論文、ダイヤモンド社（2014）

関係者を意識することが大切ですので、活動報告書等に明記されているほうがわかりやすいのでしょう。

次に、売り手や買い手、世間を、現代のステークホルダーと捉えて重視する、ステークホルダー経営を紹介します。2019年アメリカのビジネス・ラウンドテーブルにおいて、「ステークホルダー資本主義」が提案され、会社は「顧客」、「従業員」、「サプライヤー」、「地域社会」、「株主」の5つのステークホルダーに利益をもたらすことが目的であると定義されました。それ以前の「株主資本主義」からの発展形として提案されました。

株主資本主義とは、1970年にミルトン・フリードマンが「企業経営者は株主利益を最大化するのが義務であり（中略）、本来企業の社会的責任とは、事業活動で利益を増やすことに他ならない」と主張[246]していました。これが現在まで脈々と続く利益主義に繋がっていったのです。

しかしこの考え方が提唱されてから時が経ち、市場メカニズムに任せていてはさまざまなほころびがでてくることが明らかとなりました。例えば気候変動問題や社会問題が露呈し、また目先の利益を優先するがゆえに、中長期的な取り組み、例えば人材育成などが犠牲となり限界が感じられてきたのです。つまりアダム・スミスが唱えた「見えざる手」[247]は、万能ではなかったということです。ステークホルダー経営を日本風に捉えれば、「五方よし」となります。

これを健康経営に当てはめれば、少なくとも「従業員」、「地域社会」、「株主」に対しては、何らかの影響を与えることにな

246　ミルトン・フリードマン（著），村井 章子（翻訳）：『資本主義と自由』、日経BP（2008）

247　アダム・スミス（著），高 哲男（翻訳）：『国富論』、講談社（2020）

ります。また何度も紹介しているとおり、対象を広げていけば、「顧客」や「サプライヤー」にまでに関わることができますので、拡大解釈となりますが、健康経営の取り組みは、ステークホルダー経営ともいえるでしょう。

さらに人的資本経営としては、前述のとおり、米国証券取引委員会（SEC）では2020年の10月から人的資本を財務諸表に開示するように命じました。その際、参考とするのが「ISO30414」[248]となります。これは2018年12月に国際標準化機構（ISO）が発表した、人的資本の情報開示のためのガイドラインで、言い換えると人的資本の国際標準となる規格となります。目的は、人的資本の状況を定量化・データ化することです。具体的には、表20の11点です。

表20　ISO30414　Human Resource Management

1、コンプライアンスと倫理	2、費用	3、ダイバーシティ	4、リーダーシップ	5、組織文化	6、組織の健全性や安全性、Well-being
7、生産性	8、採用、異動（転勤）、離職率	9、スキル、能力	10、サクセションプラン（後任計画）	11、労働力のavailability	

出所：https://www.iso.org/standard/69338.html より、筆者作成

義務づけはされていませんが、少なくともアメリカ等で上場する場合は、これを参照に開示する必要があるということです。健康経営は、人的資本の開示の項目の多くに該当するとも考えられますので、この流れは日本でも起こり、早速金融庁が

248　https://www.iso.org/standard/69338.html

2023年4月以降から、有価証券報告書に開示を求めることが発表されました[249]。具体的には、「人的資本、多様性に関する開示で人材の多様性の確保を含む人材育成の方針や社内環境整備の方針及び当該方針に関する指標の内容等について、必須記載事項として、サステナビリティ情報の『記載欄』の『戦略』と『指標及び目標』において記載を求めることとします。」となります。これらによって、サステナビリティと言えば、前述の通り多くの企業が取り組んでいるSDGsの開示が主になるものと見込まれていますが、健康経営をサステナビリティの一つの戦略と捉えれば十分開示可能かと考えます。既に健康経営の取り組みを有価証券報告書等で開示している企業があらわれ始めました。今後も取り組み企業が増えますので併せて開示する企業も増え、株価に大きな影響を与えていくことが期待されています。

また人的資本経営と健康経営の関係は、どちらも管轄&普及推進している経済産業省によると人的資本経営の土台に健康経営と位置付けられています。さらに、ISOに準拠したHuman Capital Reportの開示を始める企業が現れ、2022年10月末に日本で2社目認証の豊田通商（健康経営銘柄2022）の「Human Capital Report2022」[250]では、人的資本の経営に向けての取り組みの5つの内、強い個としてISOの項目に無い「健康経営」を取り上げ紹介しています。ISOは11基準項目の内7割以上達成していれば認定されるため、3割は自由記述が認められており、今回はそこで紹介したことになります。その他にも、パー

249 https://www.fsa.go.jp/news/r4/sonota/20221107/20221107.html
250 https://www.toyota-tsusho.com/sustainability/social/human_capital_report.pdf

ソルグループやウィングアーク1st等でも、人的資本レポート内で、健康経営を取り上げています。今後も増えていくことが見込まれます。

■健康経営を使ってビジネスを進化

先に述べておきますが、本項では答えはありません。しかし新しい捉え方によって、健康経営のビジネスが進化できるのではないかと考え、２つ大きな視点を提供します。

一つ目に、最近の経営学で流行っているキーワードで、デザイン思考[251]という言葉をご存知でしょうか？　抽象的には、人間中心の調査と探求のプロセスとなり、技術的実現性、経済的実現性、有用性の３点を持って、着想→発想→実現、と定義されています。そして、だれもがデザイナーの思考を身につける必要があり、あらゆる問題をデザインの問題として捉える習慣を身につける必要がある、と提言されています。さらに、デザイン思考は人間中心なだけではなく人間の本質そのものと言い換えることができます。

「顧客に何が欲しいかと尋ねたら、もっと速い馬が欲しいという答えが返ってきただろう」と述べたヘンリー・フォードは、この点を理解していたと紹介されています。またこの概念は、イノベーションの大家であるクレイトン・クリステンセンの最新の「ジョブ理論」[159]とよく似ています。ジョブ理論とは、「顧客の成し遂げたい目的を探ること」であり、それこそがイノベーションにおいて重要だと述べています。つまり顧客データ

251　ティム・ブラウン（著），千葉 敏生（翻訳）：『デザイン思考が世界を変える　イノベーションを導く新しい考え方』、早川書房（2019）

や市場分析等の数字ではなく、その“人”の行動等から探ることとなります。

では、健康経営にはどのように当てはめたらよいのでしょうか。健康経営では、行動データが多く取得できます。つまり行動を探ることができます。また健康に対し、従業員にアンケートを取ると、一番多くは「特になし」の回答となるでしょう。つまり、病気になって初めて健康の価値に気づくのです。それ以外では、興味がないケースが多く、何が欲しいかすらわかっていないことが多いようです。そこで健康経営を進めるのであれば、健康経営をデザインしなおす必要があるということです。

顧客、この場合は従業員となり、従業員が成し遂げたい目的＝健康で長くパフォーマンス高く働けること、それをビジネスとしてデザインするということです。私自身デザイナーでないため抽象的な説明になりますが、健康経営の定義をしなおし、デザインしなおす企業が今後現れてくるように思います。そういう意味では、デザイナーが、座組／ファンクションチームに入っていてもよいかもしれません。ぜひデザイン思考も持って幅広く構えて取り組んでみてください。

上記のデザイン思考にマッチするかわかりませんが、面白い取り組みとして「マイナビ健康経営」[252]が挙げられます。マイナビが提供している、「出向支援」、「企業間留学」、「顧問」、「ウェルネスサポート」、「SDGs支援」、「Bring」など、「多様なサービスで人と企業が健康に成長できる取り組みを行う」と定義し、サービスを展開しています。この6つは、従来の健康経営の概念には入っていません。しかし、「出向支援」や「企業間留学」

252　https://kenkokeiei.mynavi.jp/

において、健康経営企業に多く人材をあっせんし、また企業の健康経営への取り組みを促したり、「顧問」や「Bring」では健康経営の専門家を派遣したり、健康の視点を入れ、前述のとおり老舗企業にまで発展していくことを支援すること等が考えられます。拡大解釈となりますが、提供しているサービスで、健康経営をデザインしなおしていると捉えることもできるでしょう。

二つ目に、日本は世界に先駆けて超高齢社会に突入しています。その中で、生産年齢人口（15～65歳）は、高齢者や女性の活躍等によって、なんとか低減程度に留めています。しかし世界に先駆けて日本は総人口が減っていく国であり、また世界でみても2030年には世界人口85億人、そして2050年にはピークの97億人[253]を迎え、その先は人口が減っていくことが予想されています。つまり人的資産がこれからさらに貴重になっていくのです。そう考えた場合、その貴重な人材を、どうやって健康でいきいきと働いてもらうかという視点は、日本が一番最初のモデルになると考えられます。

健康経営は後述するとおり、日本初のマネジメントシステムとして国際標準（ISO）化が進んでいます。これは健康経営モデルの世界輸出となります。ビジネスモデルの世界では、アメリカ発が多くあり、その後、ヨーロッパが基準づくり・ルールづくりをして、それを世界で展開し、他国が追随しなければならないというケースが多く見受けられます。環境経営も、当初

253　https://www.unic.or.jp/activities/economic_social_development/social_development/population/#:~:text=2030%E5%B9%B4%E3%81%BE%E3%81%A7%E3%81%AB%E4%B8%96%E7%95%8C,%E5%8B%95%E5%90%91%E3%81%AF%E5%A4%9A%E6%A7%98%E3%81%A7%E3%81%82%E3%82%8B%E3%80%82

は日本経済新聞社等で基準づくりが先行し、また多くの日本企業がそれに適応しましたが、今ではEUの基準が世界基準として使用されています。

今回の健康経営は、まだSDGs内では対象ではない中、先に日本初の基準をつくり、それを世界に展開していくことを目的としています。経済産業省は、モノの輸出は得意でしたが、このような無形資産のマネジメントシステムを海外に積極的に輸出しルールづくりを主導するのは、得意とはいえませんでした。しかし、今回はルールを先に決め、その後健康経営に資するモノやサービスも併せて輸出していくことを想定しています。ぜひ世界に先駆けて健康経営モデルの確立を急ぎたいところです。

面白いビジネスモデルとして、出版社が行っている健康経営のビジネスで、健康経営企業を紹介する本の発刊があります。この出版社は、『こんな会社で働きたい　健康経営企業編』[254]、『こんな会社で働きたい　ニューノーマル対応の健康経営企業編』[255]等のシリーズを発刊しました。これらは、書籍内で取り上げられている企業からお金を徴収し、代わりに本として宣伝する仕組みとなります。つまり、企業は広報IRの一環として本のページを買うメディア戦略となります。すでに5冊目が発刊されているところをみると、本に紹介して欲しい企業は多く

254　クロスメディアHR総合研究所（著）, 渡部 卓（巻頭企画）:『こんな会社で働きたい　健康経営企業編』、クロスメディア・パブリッシング（インプレス）(2020)

255　クロスメディアHR総合研究所（著）:『こんな会社で働きたい　ニューノーマル対応の健康経営企業編』、クロスメディア・パブリッシング（インプレス）(2022)

あり、出版社としても利益がでる仕組みであると推察します。このビジネスモデルであれば、PR 会社として健康経営を世界に向けて輸出できるかと思います。

本節最後に、人的資本経営等によって健康経営等が開示された場合、不安な点は、個人の健康度も併せて公表されることです。これは人事評価やしまいには首きりに使われることも考えられます。例えば有名なプログラマーに注釈がつき、健康問題について開示する等が想定されます。さらに、健康度が高い個人を採用し、低い人と入れ替えるという発想になるかもしれません。もちろん、このようなセンシティブな内容が開示される可能性は低いですが、人的資本の開示が進む際は、そのリスクも十分に含んでおく必要があるでしょう。

第４節　自治体が活用する健康経営

■健康都市宣言と健康経営都市宣言と地方創生

最近自治体では健康経営企業を増やそうという動きが起きています。現在の健康経営の顕彰制度は、主に経済産業省が行っていますが、47 都道府県で独自に行っているケースも見受けられます。さらにその下の市区町村でも独自に設定したり、健康保険組合でも行っています。現在は全ての都道府県で、また 2020 年度ですが全国 94 の自治体で表彰顕彰制度があるといわれています[256]。企業からみた際、内容が被らない等の問題が

256　池野 文昭（監修）:『ヘルスケア・イノベーション２　人間中心の新たな豊かさ』、時評社（2021）

ありますが、なぜこれほど多くの表彰顕彰制度があり、各自治体が独自に推進を行っているのでしょうか。

それには各自治体が「健康都市宣言」している等があり、健康診断受診率の向上を掲げている中で進捗が進まないという理由があるからです。健康都市宣言とは、ほとんどの都道府県、また市区町村で行っている「都市に住む人の健康を守り、生活の質を向上させる」ための宣言になります。一例を表21に紹介します。

表21　健康都市宣言を行っている市区町村の例

仙台市（宮城県）	水戸市（茨城県）	草津市（滋賀県）	君津市（千葉県）
印西市（千葉県）	流山市（千葉県）	春日部市（埼玉県）	多摩市（東京都）
西東京市（東京都）	川崎市（神奈川県）	甲府市（山梨県）	名古屋市（愛知県）
白山市（石川県）	雲南市（島根県）	山口市（山口県）	宇部市（山口県）

※筆者作成

またこれらの宣言により、地域からの人口流出を防ぎ、むしろ住みやすい街等のアピールで人口流入を狙っているのです。つまり健康都市宣言をしない街はないということです。やはり地域に住んでいる住民を健康にするのは、各都道府県や市区町村の責任だと考えているからです。

健康都市宣言では、健康診断受診率の向上をKPIの一つとしている例が多いようです。健康経営には、何度も紹介しているとおり必須項目の一つに健康診断受診率100％また再健診の受診勧奨の仕組み等があります。健康経営に取り組めば、健康診断受診率は確実に100％に近づきます。2020年度の受診率は、国民健康保険で50.4％、協会けんぽで66.5％、組合けんぽ

77.0%、共済組合 71.1%となっています[257]。つまり多くて５割、少なくても 1/4 弱の人が、健康診断を受診していません。また各都道府県においてもばらつきがあります。

それらを解消するうえで、従来の地域における保健活動である保健所等を通した広報や職域保健の仕組みでは限界があります。むしろ健康経営企業を増やせば、その企業自体が、健康診断だけでなく、そのほかの健康増進施策にも積極的に取り組んでもらえるので、自治体からみれば、健康経営に取り組む企業を増やすことは、一石二鳥の取り組みになるでしょう。

そして、その代表的な例として北海道・岩見沢市の「健康経営都市宣言」[258]や愛媛県の「Well-being 愛媛」[259]の取り組みなどが挙げられます。これらの地域では、自分たちが管轄するエリアにおいて、地方銀行や地元のメディアと連携し、健康経営企業を増やして、それによって健康診断受診率を向上させ、またヘルスリテラシーの向上を目指し、結果地域を健康にしようと働きかけているのです。

ほかに、経済産業省と共催で、健康経営優良法人の認定を行っている日本健康会議では、健康づくりに取り組む５つの実行宣言 2025 として、「宣言１　地域づくり・まちづくりを通じて、生活していく中で健康でいられる環境整備に取り組む自治

257　https://www.jnj.co.jp/jjmkk/healthcare-of-new-normal/health-care-information/research#:~:text=%E4%BB%8A%E5%9B%9E%E3%81%AE%E8%AA%BF%E6%9F%BB%E7%B5%90%E6%9E%9C%E3%81%A7%E3%81%AF,%E3%81%A6%E4%BD%8E%E3%81%84%E7%B5%90%E6%9E%9C%E3%81%A7%E3%81%97%E3%81%9F%E3%80%82

258　https://www.city.iwamizawa.hokkaido.jp/cassette_content/content_20180424_114044.pdf

259　https://www.rnb.co.jp/info/well-being-ehime/

体を1,500市町村以上とする。」[260]等を掲げており、これらの動きも地域の健康都市を支援していることになります。

さらに、WHO（世界保健機関）西太平洋地域事務局の呼びかけで、2003年に健康都市連合（Alliance for Healthy Cities）[261]が創設されました。健康都市連合は、健康都市に取り組んでいる都市のネットワークを広げることで、各都市の経験を生かしながら、国際的な協働を通して健康都市の発展のための知識や技術を開発・共有することを目的としています。2023年6月現在で9か国から189都市50団体が加盟しており、日本からは健康都市宣言との重複も多く31都市と6団体が加盟しています。

本項の最後に、少し話がずれますが、地方創生の一環として、経済産業省以外の省庁が健康経営を活用しようとする事例があります。それが、観光庁や林野庁です。特に林野庁は、「森林サービス産業」モデル事業【企業等の健康経営支援】[262]と銘打って、地方の事業化の支援をしています。これは、地方創生の目的で、地方の資源（主に自然）を使って都心部から人を呼び込もうとする流れの中で、健康経営をフックにしようとしています。健康経営の文脈に載れば、地方に企業（の従業員）がくる理由の正当性が持てるのではないかと考えているようです。具体的に山形県上山市「クアオルト（療養地）」の取り組みがあります[263]。しかし、調査票にはほとんど載っておらず、

260 https://2025kenkokaigi.jp/sengen

261 https://japanchapter.alliance-healthycities.com/

262 https://www.rinya.maff.go.jp/j/sanson/kassei/sangyou/attach/pdf/forum200203-04-5.pdf

263 新井卓二「健康経営と地方創生―山形県上山市と宮崎県日向市からの一考察―」『山野研究紀要』30、pp.19-24

もう少し経済産業省ヘルスケア産業課とすり合わせれば、良いものになるかと思います。

政府は、2014年の後半から、「アベノミクス」の第4の矢として「地方創生」を掲げ、地域経済社会の基礎固めに取り組む姿勢をみせています。また「東京一極集中の是正」を掲げる「地方創生」戦略等もあり、人口が減り続けるこれからの日本で引き続きテーマとなるでしょう。第1章のとおり、健康経営は、リモートワークやテレワーク、ワーケーション・ヘルスツーリズム等を通じて、地方創生を図れるかもしれません。可能性として、健康経営度調査にも、もう少し地方創生の視点が入ってもよいのかもしれないですね。

■日本発マネジメントシステムとして国際展開と格付け機関の必要性

健康経営は、日本で発展したマネジメントになり、今ではオリジナルの概念の経営戦略となりました。これを海外に輸出すると、日本発マネジメントシステムとなります。日本式でよくいわれるのは、細部へのこだわりと異次元の質の高さです。昔は日本発のオペレーションシステムとして“改善”やQC品質サークル、イノベーションとしての暗黙知と形式知等がありましたが、ここ最近では、海外から「両利きの経営」やDX、CSV経営等のマネジメントシステムやビジネスモデルが輸入され、黒船（ここでは既成概念を覆す物事等を例えた表現）大好きな日本では、隣の芝生が青く見えているようで、もてはやされています。

そして日本発の健康経営の今後の普及で難しいのが、輸出である国際展開、グローバル化です。最近では、現地化と併せてグローカル化ともいわれていますが、これが成功しないと日本のみで行っている健康経営も、極東の島国で行われているガラパゴス（化）といわれてしまいます。

そこで日本発のISO化で成功した事例があります。それが、労働安全衛生マネジメントシステム（OHSMS）のISO45001です。これは日本の労働安全衛生を主にISO化したものですが、ISO45001の認証件数は2021年時点で世界で29万件以上[264]、日本では2024年3月で311件あり、労働安全衛生というすべての業種に関わりのある規格のため、今では多くの国で取得が進んでいます。健康経営もこれを真似て、多彩なメンバーで、『多様性の科学』[161]を参照し、ISO化に向かいました。それが、健康経営の国際標準規格ISO化です。

具体的には2020年9月、正式に経済産業省より一般社団法人社会的健康戦略研究所に委託され、取り組みが始まっています。目的は、日本で普及に成功した健康経営の海外輸出になります。すでに健康経営の海外輸出には事例があり、2019年にスリランカにおいて日本の健康経営表彰制度を模した「スリランカ健康経営アワード」が開催され、応募のあった現地企業30社から、従業員数で分けた4つのカテゴリーごとに、ゴールド（最優秀賞）企業、シルバー（優秀賞）企業が発表されました[265]。そこでは、「アワードの評価基準は、日本で広く実践されている健康経営手法をベースに作成した国際規格（BS-PAS3002）を、スリランカの企業事情に合わせてアレンジした

264　https://iso.org/the-iso-survey.html
265　https://www.jetro.go.jp/biznews/2019/02/dca41965d0972fc5.html

もの」とあり、すでに始まっています。2024年にはタイ（バンコク）において「KENKO Investment for Health Forum」を開催し、日本の健康経営の取り組みや付随するヘルスケアサービスを紹介しました。そして2021年から国際規格に向けて本格的に取り組みが始まりました。

具体的には、まず健康経営の第１号国際規格（IS：International Standard「高齢化社会―地域コミュニティと組織におけるウェルビーイング促進のためのガイドライン　Ageing Societies - Guidelines for Promoting Wellbeing in Local Communities and Organizations」）[266]ができ、その後、子規格さらに孫規格が作成されます。

スケジュールは、コロナ渦の影響で遅れ気味ですが、国内委員会と国際委員会とのやり取りを経て、2024年秋を目標としています。具体的には、STAGE 1. 新規提案（NWIP）→ STAGE 2. WG内での検討（WD）→ STAGE 3. TC/SC内での検討CD → STAGE 4. ISOの全加盟国への意見照会（DIS）→ STAGE 5. 最終国際規格案の正式投票（FDIS）→ STAGE 6. 国際規格の制定（IS）となります。またそれに付随する子規格の認証も始まります。イメージは図25となります。

さらに日本政府は、2025年の日本国際博覧会（略称「大阪・

266　https://www.kenko-senryaku.or.jp/cms/wp-content/uploads/2021/08/%E6%97%A5%E6%9C%AC%E6%8F%90%E6%A1%88%E3%81%AB%E3%82%88%E3%82%8B%E9%AB%98%E9%BD%A2%E7%A4%BE%E4%BC%9A%E3%81%AB%E3%81%8A%E3%81%91%E3%82%8B%E3%82%A6%E3%82%A7%E3%83%AB%E3%83%93%E3%83%BC%E3%82%A4%E3%83%B3%E3%82%B0%E3%81%AB%E9%96%A2%E3%81%99%E3%82%8B%E3%81%8A%E7%9F%A5%E3%82%89%E3%81%9B.pdf

図 25　健康経営マネジメントシステム規格の構想

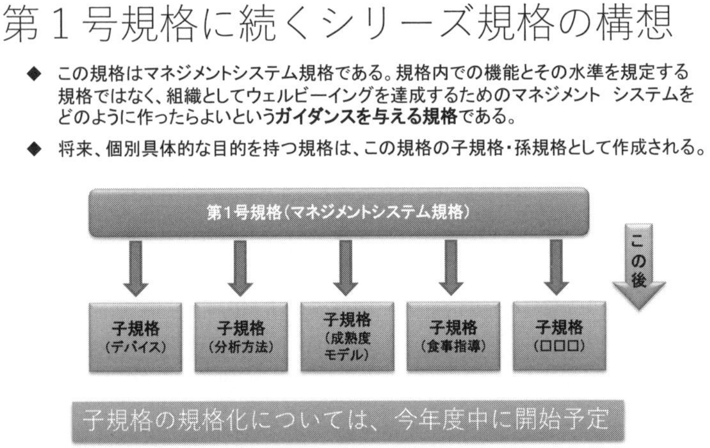

出所：経済産業省 次世代ヘルスケア産業協議会 第 24 回健康投資 WG 事務局説明資料

関西万博」）において、日本政府館（日本館）[267] を出展させるだけでなく、それ以外にも地方自治体（主催場所の大阪府等）の館もできることでしょう。さらに「健康経営館」なる構想もあるようです。2010 年の上海国際博覧会から、地方自治体の取り組みを紹介する館ができ始め、今後は日本独自発のマネジメントシステムを世界に紹介する、売り出すために活用するようです。楽しみですね。

私は、一般社団法人社会的健康戦略研究所の委員も務めており、グローカル化できず日本でしかできないガラパゴスにならないよう支援していきます。読者の皆様にも協力をお願いする

267　https://www.meti.go.jp/policy/exhibition/OsakaKansai-JapanPavilion.html

ことがあるかもしれませんが、その際は積極的なご対応の程よろしくお願いいたします。

本項の最後に、健康経営が世界で普及していくためには、格付け機関（信用機関）が必要だと考えます。金融の世界では格付け機関として、格付投資情報センター（R&I）、日本格付研究所（JCR）の日系２社と、S&P Global Ratings（旧社名Standard & Poor's）、Moody's、FitchRatings（Fitch）の外資系３社の合計５社が有名です。これらは、株式市場における証券等の発行会社に信用を付与しており、これらは世界共通になります。

環境経営やESG投資の格付け機関は多数存在しますので、健康経営でも同様な格付け機関ができれば、信用を与えるだけでなく、各国でグローカル化された健康経営に横串を指すことが可能となり、また比較もできるようになるでしょう。さらに格付けは、金融機関からの金利等で優遇されたり、求職者に対しても信用を与えたりします。

すでに前著で紹介したDBJ健康経営格付融資（従業員の健康配慮への取り組みに優れた企業を評価・選定する「健康経営格付」の手法を導入した世界で初めての融資メニュー）[268]もありますが、これは政府系の株式会社日本政策投資銀行が融資の際に利用しているもので、そのほかに活用事例はありません。日本政策投資銀行からお金の借り入れが発生する一部の大企業のみが対象となっていますので、中小企業や福祉法人等も含めて対象企業も幅広く、また融資の際は地方銀行も使える参考になる格付けが求められています。これらも健康経営に付随する

268　https://www.dbj-sustainability-rating.jp/health/

サービスの一つになると考えられますし、イノベーションにも該当するでしょう。ぜひ、将来の世界展開を見据えて格付け機関の設立を望みます。

■環境経営と健康経営の価値

今日、ゼロカーボンやカーボンオフセットという地球規模での環境対策が必要になっています。日本政府も岸田総理が2021年就任後の初公務としてCOP（国連気候変動枠組条約締約国会議）21に参加し、排出ガス削減を謳っています。菅前総理が2020年に発表した2050年カーボンニュートラル（CO_2やメタンなどの温暖化ガス排出量を、森林吸収や排出量取引などで吸収される量を差し引いて全体としてゼロにすること）から引き継いでいます。今後は地方自治体においてもゼロカーボンの取り組みが必要になってくるでしょう。

そこで具体的に想像すると、排出ガスを一番出すといわれている“車”の削減が考えられます[269]。車の交通量を減らすことによって排出ガスを削減するために、そして持続可能性を持つために、国土交通省主導で地域のコンパクトシティ構想等が進んでいます。もちろんコンパクトシティ構想には地域の隅々まで公共施設をつくれない等の課題もあり、都心部の一エリアに機能を集めるということが目的の一つにあります。そして都心部の一エリアに住民が集まれば公共交通機関も充実させることができますし、車の交通量の削減にも取り組むことができます。

そこで地方自治体には、健康経営企業を増やすと、環境問題に対しても大きなメリットがあります。それは環境への負荷の

269　斎藤 幸平：『人新世の「資本論」』、集英社（2020）

低減です。前述のとおり健康都市宣言をしている多くの地域では、住民の健康増進等のため自転車専用道路やウォーキングロード等を整備し、さらに二酸化炭素排出量を減らすため車の使用を控えることを目標とするコンパクトシティ構想を推進し、一石二鳥を狙うケースが多いようです。

しかしこれらの地域の多くは、日常生活や通勤等で車を使うケースが多く、特に通勤は、企業から従業員に対し車ではなく自転車を使うよう指導する、または手当をつける、さらには車で通勤した場合は罰金を科す等の施策を行わなければ、当然ながら従業員は車での通勤を優先してしまうでしょう。これでは車の交通量の削減は進まず、また整備した自転車専用道路やウォーキングロードはあまり使用されず、問題は解決しません。日常生活での車の使用はなかなか減らせません。ではどうしたらよいかと考えると、企業側に従業員の健康に配慮・増進するということを提起してもらわなければなりません。その答えが企業の健康経営の取り組みとなるのです。つまり、健康経営企業が増えて、自転車通勤やウォーキングの推奨が行われ自動車での通勤が減り、結果環境の負荷の低減にも繋がるのです。

すでに先行事例があります。それが株式会社フジクラの健康経営の取り組みの一環である、自転車通勤ウェルネスプログラム[270]です。フジクラの千葉県の佐倉事業所では、自転車を貸し出す等で自転車通勤を推奨してきました。これによると３つの大きな利点があったそうです。①自転車通勤者の健康状態の改善、BMI値の改善等、②自転車通勤者のモチベーションアップや生産性の向上、③車を使わないことによる環境への負荷の

270　https://cyclingood.shimano.co.jp/social/report04_1.html

低減です。これらのように地域において健康経営企業が増えることが、自転車通勤やウォーキングを推奨し、環境負荷の低減にも良い影響を与えることになるのです。そして企業からみると環境に貢献できていることにもなります。カーボンオフセットになりESG経営にも該当します。

また都市計画の整備は遅く、そして長い時間がかかります。一説には、インフラ変更には30年かかるといわれており、一朝一夕にゼロカーボンやカーボンオフセットが進むわけではありません。しかし健康経営企業を増やすことは、すぐに始められます。もちろん取り組む企業を増やすには、いろいろと企業側にメリットをみせて実際に感じてもらわないといけません。しかし、昨今企業側にも環境に配慮した経営が求められています。それらを繋ぎまとめて解決する可能性が、健康経営にはあるのです。ぜひ、環境対策としても健康経営に取り組んでみてください。

最後に、日本は、世界に先駆けて超高齢社会へ突入しています。『LIFE SHIFT（ライフシフト）』に示されている世界がすぐそこに迫っているといえるでしょう。さらに『LIFE SHIFT2: 100年時代の行動戦略』[271]では、健康リスクについても言及があり、長く健康に生きること（健康寿命の延伸）を、「人生が長いから大変だ」ととるか、「60歳になっても新しいことができる」と前向きにとるかの考え方、つまりマインドセットが、人生の満足度を大きく変えることになると示唆されています。

271　アンドリュー・スコット（著），リンダ・グラットン（著），池村 千秋（翻訳）：『ライフシフト２　100年時代の行動戦略』、東洋経済新報社（2021）

そして日本では、政府より“生涯現役社会”の構築が謳われており、健康経営が、超高齢社会へのソリューションと期待されています。その中で、健康経営の価値が変わりつつあります。

そこで、簡単にキーワードで本書を振り返ります。第１章では、「無形資産」、「最強の経営戦略」、「優位性」、「健康経営資源」です。さらに、オンライン社会とコロナ禍の関係では、「ワークライフバランス」や「Well-being・幸福度」の関係、「リモートワーク、テレワーク、ワーケーション、ヘルスツーリズム」、「健康経営ヘルスケアビジネス」、「エビデンス」です。

第２章では、健康経営の効果として、「期待される効果」と「特徴」、「日本的経営」との関係、具体的に「外的効果」、「内的効果」、そして「波及図」と、「イノベーションの可能性」、そして本著で新たに提言した「ウェルネス（健康）キャリア」です。

第3章では、取り組む手法として、「企業文化」への昇華方法、推奨される「座組／クロスファンクショナルチーム」、健康経営の「対象者（社）」、「介入方法」についてです。

第４章では、今後の展開として、「健康経営の新しい形」や、「地域・取引先・顧客とつくる健康経営」、サステナビリティを持つ「SDGs」や「ESG」、「健康経営ビジネスモデル」の創出、「地方自治体としての活用方法」、「環境経営」です。

このようにキーワードをみるだけでも、健康経営は多方面に影響を与えることがわかってきました。まだまだ変化する可能性もありますが、執筆時点ではこの辺りではないでしょうか。

おわりに

健康経営ついて講演や執筆をしていると、聴講者や読者の方から、「健康経営のやり方が違うのでは？　それでいいのか？どう思っているのか？」等のご意見やご感想、しまいには「○○式健康経営のみが正しく他はうまくいかない」等の刺激的なお声をいただくこともあります。しかし、これは次の２点において間違っています。

オリジナルの健康経営の定義を掲げて、普及や営業活動をするのは全く問題ありません。経済産業省の定義が、健康経営度調査で普及している現状において、オリジナルの定義の普及は大変だと思いますが、意思があるならどんどんやるべきです。しかし、それによって、他の健康経営の取り組みが間違っているや、経済産業省の健康経営度調査の内容が違う等の意見を主張することは、見当違いです。

なぜなら、健康経営の取り組みは上場企業で３割、日本企業全300万社でみれば、まだたった1%であり、その狭い狭い健康経営という領域で、だれやどこのやり方が違うといっても仕方がないからです。もっと大きな視点を持ち、健康経営市場を育てるという視座を持って、健康経営に関わるヘルスケア市場が広がってから、例えば上場企業の半数以上が取り組んでいる社会が到来してからでよいと考えています。

もう一つ大事な点は、第４章でも述べたとおり、健康経営は、新しいガイドラインとしてISO化され、今後日本から大阪・関西万博等で世界に発信&売り出されていきます。その際、世界の研究者や企業からみれば、現在日本で行われている取り組みの違いは、誤差の範囲であり、すべてひっくるめて日本式健康経営と判断されることでしょう。理由は、多くの企業が日本の法律や健康経営度調査という基準に則って行っており、共通点があるからです。このように、まだまだ小さい池の中でパイを争っている場合ではないということです。

次に、フリーライダー問題についてもよく聞かれます。これは経済学用語の一つで、公共財のように非排除性があるサービスについて、対価を支払わないで便益を享受する者を指すのですが、人事領域においては、投資によって社員が健康になっても、仕事に精をだすのではなく、仕事以外に労力を使ってしまう、つまり企業において生産性の向上に結びつかないことを指します。しかしこれは健康経営のせいだけでしょうか？　そもそも健康経営の取り組みいかんにかかわらず、このような社員の生産性は高くないでしょう。そしてさらに健康リスクがある状態で放置されていると考えられます。つまり健康リスクだけがあるということです。

また最近の調査では、健康になるとモチベーションやロイヤリティー等何かしらに好影響が与えることが示唆されるデータがでてきました。こう考えると、やる気のない生産性が低い社員に対し、研修を行ったり、アメとムチでモチベーションを上げるのと同等に、いやもっと効率的に健康経営で元気にいきいきしてもらい、会社に対し何かしらリターンを得ることが可能になると考えられるのではないでしょうか。

そして今回は、前著と比較すると健康経営で、どう企業が競争優位またはサステナビリティを持てるかに焦点を当てています。よって健康経営の歴史等についての記述は、極力少なくなっています。健康経営の歴史や経緯を知りたい方は、前著『経営戦略としての「健康経営」』をお読みいただければと思います。また本書を読んでいただければ、健康経営についての最新情報や取り組み手法、また経営戦略として十分理解が進むものと思いますが、前著と併せて読んでいただくと、もっと理解がしやすくなるはずです。つまり、前編として前著を、そして本書を後編として読んでいただければ、健康経営の発展＆ストーリーまでわかるかと思いますので、ぜひご覧ください。

私は、2015年から健康経営の研究者として、経営学の視点で研究をしています。そこで、研究活動の一環として大学生と一緒に健康経営企業を訪問し、論文化するという「健康経営訪問プロジェクト」[272]を、顕彰制度が開始された2015年秋から企画し主宰してきました。表22に簡単に紹介します。

健康経営の取り組みで著名な企業に訪問し（2021年度はオンライン）、取り組みを紹介していただきました。特徴としては、多くの企業が、多様な部署を巻き込み、自社の強みとなるように、戦略的に、健康経営に取り組んでいます。また2022年から日本経済新聞社主催のSDGs Weekの「エコプロ」内の「動き出す未来～若者たちの主張・発信広場～」にてプロジェクトの報告会をしました。こちらは日本経済新聞社より、健康

272　新井　卓二：大学生の健康経営企業訪問プロジェクトの概要と研究報告 2016年～2019年の研究Review，山野研究紀要 第28号 2020・第29号 2021

表22　健康経営訪問プロジェクトの概要

年度	訪問先（日程順）	参加大学（参加人数）	開催日／会場	タイトル
2016	経済産業省、ルネサンス、フジクラ、協会けんぽ東京支部	昭和女子大学（2）	2017/1/21 昭和女子大学	就職するなら健康経営企業だ
2017	経済産業省、ローソン、アサヒ飲料、オムロンヘルスケア、SCSK、DeNA、全日本空輸、ヤフー、東京急行電鉄、フジクラ	昭和女子大学（25）	2017/9/22 ヤフーLODGE	「健康経営優良法人ホワイト500」の最新事例～昭和女子大学生の訪問研究より～研究報告会
2018	経済産業省、富士通ゼネラル、日本航空、FiNC、大京、ベネフィット・ワン、ダスキン、ミズノ	昭和女子大学、大阪大学、山野美容芸術短期大学（15）	2018/12/15 FiNC	～ポスト平成時代の新しい働き方をリードする健康経営～
2019	経済産業省、凸版印刷、保健同人社、ヤフー、NSD、SMN、ワコール、堀場製作所、アシックス、バンドー化学	昭和女子大学、大阪大学、山野美容芸術短期大学（15）	2019/12/18 ヤフーLODGE	令和時代の働き方は“健康経営”
2020	コロナ感染症拡大のため中止			
2021	経済産業省、丸井グループ、アビームコンサルティング、東京海上日動システムズ、サンスター、江崎グリコ	昭和女子大学、武庫川女子大学、神奈川大学、大阪大学、和光大学、山野美容芸術短期大学（16）	2021/12/23 東京海上日動ビル新館	（産官学連携）健康経営訪問プロジェクト報告会＆提案会「コロナをぶっ飛ばせ健康経営」
2022	経済産業省、カゴメ、富士通、ウイングアーク1st、ブラザー工業、愛知銀行	昭和女子大学、武庫川女子大学、神奈川大学、大阪大学、大阪公立大学、山野美容芸術短期大学（16）	2022/12/18 カゴメ水天宮ビル	2022〈産官学連携〉健康経営訪問プロジェクト＆大学生の認知度報告会「“新しい働き方”は健康経営で」
2023	経済産業省、ニッスイ、明治安田生命、浅野製版所、パソナ	前回＋武蔵大学、千葉工業大学（23）	2023/12/16 千葉工業大学	〈産官学連携〉健康経営訪問プロジェクト＆大学生からの国際発信「“健康経営”は日本初世界へ！」

※筆者作成

表23　健康経営訪問プロジェクトの成果論文等

年度	論文タイトル	主な執筆者／投稿先
2016	健康経営の概念とその効果～女子大学生の認知度調査からの提案～[273]	新井卓二／流通情報、第525号、2017年
2017	日本における「健康経営」の期待される効果[274]	新井卓二／上西啓介、玄場公規、日本経営システム学会誌、第36号、2018年
2018	「ホワイト企業」と「健康経営」のリクルートにおけるイメージ分析	新井卓二、玄場公規／BMAジャーナル、第19号、2020
2019	Analysis of the Internal Effects of Health and Productivity Management in Japan	新井卓二、上西啓介、玄場公規／Forum Scientiae Oeconomia、8巻1号、2020
2021	大学生の健康経営企業訪問プロジェクトの概要と研究報告2016～2019年の研究Review	新井卓二、山野研究紀要 第28号2020、第29号 2021
2022	産官学健康経営企業訪問プロジェクト（2016-2022）とヘルスリテラシー教育の可能性	鈴木歩弥、磯野彰彦、新井卓二、昭和女子大学現代ビジネス研究所2023年度紀要
2016～2019	経営戦略としての「健康経営」	新井卓二、玄場公規／合同フォレスト

※筆者作成

経営の取り組みはSDGsに該当すると声かけ頂きました。

訪問の結果をまとめた主な論文は、表23のとおりです。これ以外にも論文や共著本もありますが、2022年度までの研究

273　新井 卓二：健康経営の概念とその効果～女子大学生の認知度調査からの提案、流通情報、第525号、2017年

274　新井 卓二、上西 啓介、玄場 公規：日本における「健康経営」の期待される効果、日本経営システム学会誌、第36号、2018

成果は表23となります。最新の研究では、前述の通り本プロジェクトに参加する大学生のヘルスリテラシーの上昇の可能性が示されています。

健康経営は現在注目されており、さまざまな事例が書籍等を通じて紹介されています。ただその多くは取り組みの効果があった1社または複数社の事例や法律や制度を中心に語られています。本著では、できる限り取り組みを一般化し、戦略に落とし込み、効果を見える化する作業を行っています。そして多くの事例に共通している点は、何のために健康経営を行うかという視点が抜けていることです。法律を守ろう、リスクがあるから対処しよう、おすすめの取り組み手法はこれという論点も大事です。しかしそれだけでは、取り組みは押し付けとなり、ワクワクしませんし、経営陣からみれば投資ではなくコストと見なされてしまいます。また社員を健康にすることは目的ではありません。健康は目的にならないのです。健康になった先にどんな未来が待っているのか、そのために健康という手段が必要という位置づけです。そこで、なぜ企業や経営陣が、ここまで社員の健康に興味を持って取り組まなければいけないかというと、やはり健康経営を通じて企業が優位性やサステナビリティを持つためです。

世界のビジネスではGAFA（世界的IT企業である「Google」「Amazon」「Facebook（現Meta）」「Apple」の4つの会社の頭文字）が席巻し、VUCA（変動性「Volatility」、不確実性「Uncertainty」、複雑性「Complexity」、曖昧性「Ambiguity」の頭文字）の時代が来ているといわれています。そしてGAFA等のプラットフォーマーが、人間の欲望に対し、サービスやモノを提供しているといわれ、プラットフォーマー戦略がもてはやされています。そういう意味では、健康経営は、世界に先駆けて人口が減っている極東の特殊な地域で、法律を含め日本独自で、社員の健康を管理し増進させるだけの日本式マネジメントシステムともいえるでしょう。しかしその分、人口減少を世界に先駆けて体験している国というアドバンテージもあるでしょうし、文化や制度も異なり、従業員に対する捉え方も違うため、海外の企業では真似しづらいやり方であり、模倣困難性もあります。またAIやITの進歩により、近い将来、人はいらなくなると予想されていますが、世界ではこの逆を行っている企業も現れ始めています。それは人材に投資している企業です。特別な位置づけをされた店員に特別のユニホームを与えて接客にあたらせたり、人材とテクノロジーに同時に投資したりしています。将来、「健康経営があの時ってブレイクスルーだったよね」と言われる近未来を信じています。

さて、私たちの研究は、2020年までは、健康経営がアメリカから導入されたことから、アメリカと同様の効果（Jhonson & Jhonson）があるのかどうかの検証に焦点を当ててきました。詳細は前著『経営戦略としての「健康経営」』（合同フォレスト、2019年）を参照ください。しかし2020年過ぎから、日本独自の健康経営の効果を調査し、どのように取り組めば効果が最大化し、経営戦略として最大の効果が得られるかが少しずつわかってきました。手前味噌ですが、“健康経営”と名がつく査読付き論文は、日本で一番書いていると自負しています。しかしこれでも、健康経営には、まだまだ見ぬ効果があるようです。これから見つかる効果もあるでしょうが、現時点でも健康経営に取り組めば、紹介した様々な戦略と被り十分に企業の競争優位やサステナビリティを持つことができると、言い切ることができるようになってきました。そこで本著を執筆するに至ったのです。読者の皆様にも健康経営を最強戦略として活用いただければ幸いです。

あとがき

本を書くという行為は、私の凝り固まった概念を広げてくれます。エビデンスに基づいた執筆の努力をし、評価を受け入れ、ひいてはその有効性を証明しなくてはなりません。そのためには多くの人と会い、多くの本を読む必要がありました。試練もありましたが、勉強する機会をいただいたわけです。

そして、研究活動の一つである健康経営訪問プロジェクトに関わってくれたメンバーに感謝いたします。特に経済産業省ヘルスケア産業課の皆さまにはスタート時から今もご支援賜り厚く御礼申し上げます。さらに、私が教鞭を執っている短期大学の学生には、本書の販促プロジェクトとして、さまざまなアイデアをだして、実際販促に協力いただいたことに感謝いたします。学生の若い感性のアイデアは、出版社業界の慣習を超え、健康経営の波及効果を生み、その結果本書をさまざまな人に届けることができたと思います。

最後に家族に感謝を伝えたいと思います。本の執筆にあたって私にその時間を割いてくれ、またいつも私が書くことを驚きながらも（頭の中に文章が浮かんでくる人は異常な状態だといわれています。笑）応援してくれている妻と子供に感謝します。

本書が健康経営の普及の一助となり、多くの企業で経営戦略として取り入れられること、そして日本社会に文化として根付くことを願って筆を置かせていただきます。またどこかの機会でお会いできることを楽しみにしています。

2024年5月　　新井卓二

【著者略歴】

新井卓二（あらい　たくじ） Ph.D.、MBA。

ビューティ&ウエルネス専門職大学・専任教授、山野美容芸術短期大学・特任教授、明治大学・講師（非常勤）
新井研究室主宰、日本ヘルスケア協会 健康経営推進部会 副部会長、社会的健康戦略研究所 運営委員 特別研究員。経済産業省の委員、人事院の有識者等歴任。
証券会社勤務を経て、ヘルスケアの株式会社を起業し売却。その間明治大学ビジネススクール TA、昭和女子大学研究員、山野美容芸術短期大学教授を経て現職。『経営戦略としての「健康経営」』、『ヘルスケア・イノベーション』、『最強戦略としての健康経営』、『ビューティー・ビジネス』、他健康経営の論文多数。

2024年5月30日　第1刷発行

［改訂］最強戦略としての健康経営
―競争優位とサステナビリティを生む人的資本のための
ビジネスモデル―

©著　者　新　井　卓　二
発行者　脇　坂　康　弘

〒113-0033　東京都文京区本郷2-29-1
発行所　株式会社 同友館
TEL. 03（3813）3966
FAX. 03（3818）2774
URL　https://www.doyukan.co.jp/

乱丁・落丁はお取替えいたします。　三美印刷／松村製本所
ISBN 978-4-496-05709-0　Printed in Japan